Daglig gjennombrudd

Daglig gjennombrudd

2

Daglig gjennombrudd

Aktiv søkende mot åndelig vekst og full kraft i åndens verden

Tom Arild Fjeld

Daglig gjennombrudd

4

ISBN 978-82-93410-53-9

Daglig gjennombrudd

Daglig gjennombrudd 2

Forfatter: Tom Arild Fjeld
© Tom Arild Fjeld
Utgave: 1- utgave januar 2017
ISBN   978-82-93410-48-5
Tro og visjon forlag
Layout: Frank Håvik
Tekst: Times New Roman 14
Kapittel: Times New Roman 48

Hos Tom Arild Fjeld,
mail: tomarildfjeld@gmail.com

Forside tekst av Dr. Morris Cerullo:

"DAILY DEVOTIONAL"
Aimed at SPIRITUAL GROWTH AND TO KEEP FIT IN THE REALM OF THE SPIRIT.
Oversatt til norsk, ved bruk av Strongs concordance of the Bible, fra hebraisk og gresk.

Daglig gjennombrudd

Daglig gjennombrudd

Forord

Dr. Morris Cerullo

Gud sa klart til meg mens jeg ba for deg
broder Tom, at du skulle skrive en daglig
hengivende, oppbyggende bok. Fordi Han
har lagt på innersiden av deg det levende
Ordet på en slik måte, at når det blir tatt
imot eller lest, vil produsere levende bevis
individuelt i livene til dem som tar det imot
i en god tro.

Små stykker og bønner

Kjære brødre og søstre, Herren ba meg si til
broder Tom, at han skulle skrive denne
boken. Han skulle skrive små stykker og
små bønner, slik at hans barn kunne bruke
boken som en veileder dag og natt. Dette for
å holde dem sterke i troen og i livets
kamper.

Dette var en sterk instruksjon fra Herren
Gud igjennom meg til broder Tom.
Gud har lagt så mye ned i den mannen. Jeg
vet han ikke vil feile.
Jeg ber alltid for ham.

Dr. Morris Cerullo

Daglig gjennombrudd

Daglig gjennombrudd

Forord

Tom Arild Fjeld
Herren har bedt min kjære broder Dr.
Morris Cerullo, å si til meg at jeg skulle
skrive denne boken. Gud Fader hadde før
broder Cerullo sa det til meg, bedt meg om
å gjøre dette. Da broder Cerullo sa jeg
skulle skrive den i små stykker, ble det en
stadfestelse for meg om å skrive denne
boken. Så her kommer den.
Dette vil være en bok som daglig vil være
en" bønneassistent og justerings manual",
den kan brukes dag og natt. Boken er
skrevet under bønn og konsentrasjon om de
himmelske ting.

Denne boken vil gjøre deg sterk i troen og i
livets kamper. Og den vil hjelpe deg til å
leve i sunnhet til ånd, sjel og legeme i
arbeidet for Herren og i det daglige liv.
Dette er en instruksjon fra Gud
De små bønnene du finner på hver side, be
dem konsentrert i tro og ro, mange ganger
om dagen. Gud vil gjøre under i ditt liv,
hver dag.

Tom Arild Fjeld
Forfatter

Daglig gjennombrudd

Daglig gjennombrudd

11

Bønn for leserne

Kjære Fader Gud, jeg kommer fram for deg med alle leserne av den boken, som jeg ønsker skal være en" åndelig veileder" for alle mine venner. Jeg ønsker at de alle skal få oppleve å komme nær til ditt hjerte, i den Hellige Ånds verden i ånden. Jeg ønsker de skal få kjenne din kjærlighet på en slik måte, at alle de åndelige dørene går opp for dem i åpenbaringens forståelse.

Be den lille bønnen hver dag

Be den lille bønnen for hver dag, etter du har studert «gjennombrudds-stykket» for dagen. Be den av hjertets ønske og hengivelse. Be den rolig til du kjenner den Hellige Ånd griper deg. Den Hellige Ånd vil lede deg lenger og lenger inn i den åndelige verden. Han vil la deg få opplevelser, som vil gi deg all den styrken du trenger, for å leve et seirende liv i den fysisk og i den åndelige verden. Ditt liv vil bli helt nytt. Det vil være en drøm som åpenbares, noe du ikke trodde eksisterte eller trodde var mulig kommer din vei. Alt er mulig med den levende Gud Jehova som vi tilber.

Gud velsigne dere i bruken av denne boken, som er fra mitt hjerte til ditt hjerte.

Tom Arild Fjeld, forfatter

Daglig gjennombrudd

Daglig gjennombrudd

13

Innhold

Daglig gjennombrudd

Prøve åndene III
Gud ga
Gud satte i menigheten
Gud-gitte tjenende ledere
Herren gir
Proklamasjonen av evangeliet
Naken og våpenløs
Utfordring og press
Gir du opp?
På kjærlighetens vinger
Satt på misjonsdiett
Getsemane I og II

Daglig gjennombrudd

1 April

Evne til å prøve ånder I

Jeg vil skrive noen stykker med litt
forskjellig vinkling fra Guds Ord, på emnet
"evne til å prøve ånder". Jeg ønsker at alle
gjenfødte som lever sine liv helt for Kristus,
skal forstå virkeligheten rundt dette.
Evne til å prøve ånder, står jo spesifikt i
kapitlet med nådegavene. Det er egentlig
feil å kalle kapitlet for «nådegavekapitlet».
Jeg forklarer mer om dette senere. Nå tar vi
"evne til å prøve ånder".

Det er så fort gjort å lese feil i Bibelen, når
vi "skummer" over. Det står ikke «nådegave
til å prøve ånder». Vi leser:

Evne til å prøve ånder

"En annen kraft til å gjøre undergjerninger,
en annen profetisk gave, en annen **evne til å
prøve ånder**, en annen forskjellige slags
tunger, en annen tydning av tunger." (1 Kor
12,10)
Her ser vi at **evne** til å prøve ånder er regnet
sammen med de øvrige overnaturlige
utrustninger nevnt i samme kapittel.
Vi ser "evne" ikke er nevnt med ordet
"gave", og det er nevnt i entall.

Daglig gjennombrudd

En evne er en kunnskap, en ferdighet. En evne og en ferdighet er noe som må oppøves, man leser seg ikke til en evne. Når det er sagt, så står det for så vidt ingenting om denne evne i Bibelen. Det er to skriftsteder som enkelte forfattere har trukket inn i denne forbindelse og det er:

Trellkvinnen med spådomsånden
*"Men det skjedde en gang vi dro ut til bønnestedet, at vi møtte en trellkvinne som hadde en spådomsånd og som hjalp sine herrer til store inntekter ved å spå. Hun fulgte etter Paulus og oss og ropte: Disse mennesker er den høyeste Guds tjenere, som forkynner dere frelsens vei. Dette gjorde hun i mange dager. Da ble Paulus harm og vendte seg om og **sa til ånden**: Jeg byr deg i Jesu Kristi navn å fare ut av henne! Og den for ut i samme stund."*
(Apg 16,16-18)

Takk Jesus,
at jeg kan få forståelse av dette med evne til å prøve ånder, så det kan komme i en naturlig funksjon i mitt liv, som en som vil leve for deg. Amen.

Daglig gjennombrudd

2 April

Evne til å prøve ånder II

Lever du overgitt som troende – vil demonene reagere på deg

Denne lille historien har ikke noe med evnen til å prøve ånder å gjøre. Derimot ser jeg det som en naturlig hendelse, som vil skje gjennom en gjenfødt person, som lever et liv overgitt til Kristus, som lever ut troens liv.

En slik gjenfødt kristen vil ha opparbeidet styrke i sitt åndsliv, som automatisk vil skape en reaksjon (slik som vi ser i disse bibelstedene).

Halleluja, her kommer den høyeste Guds tjener

Jeg hadde en helt lik opplevelse da jeg skulle ta ferge fra Likoni Island i Øst-Afrika inn til Mombasa by. En kvinne sto på en høyde og ropte: "Halleluja, halleluja, her kommer den høyeste Guds tjener." Vi ser at når demonene møter Den Hellige Ånds nærvær sterkt, blir de forvirret, og sier og gjør ting de ikke ønsker å gjøre. Jeg gjorde ingenting med denne saken, jeg gikk bare videre ned og om bord på ferjen. Vi

Daglig gjennombrudd

kan ikke gå på alle som vi oppdager åndsmakter i. Dette får vi gjøre etter som det legger seg til rette.

Min erfaring med gaven

Min erfaring med denne gaven, er at den kan bli en ren plage: Fordi man opplever, oppdager, ser og kjenner fysisk og i ånden, både smerte og ubehag. Jeg har aldri sagt at denne gaven virker i mitt liv, men opplevelsen av konfrontasjoner i ånden har alltid vært der. Det gjør at jeg opplever forskjell på åndene. Slike ting skjer ofte i dagliglivet. Dette er ikke noe som skrur seg av når du kommer ut ifra et møte. Hele vår verden er åndelig. Derfor vil det alltid bli konfrontasjoner.

"Kristen pakk"

Mennesker har skreket "kristenpakk" til meg og bannet høyt. Dette har skjedd mange steder også i kristen møtesammenheng. Ånd er ånd, så det vil reagere. Dette har skjedd gjennom mennesker jeg aldri før har sett. Mennesker kan bråstoppe når de kommer opp ved siden av meg på gaten. Øynene vrenger seg i hodet på dem, så en bare ser det hvite. Når jeg har passert dem, kommer de til seg selv igjen. Dette er demonenes reaksjoner på et sterkt møte med Den Hellige Ånd.

Daglig gjennombrudd

Takk Jesus
At jeg kan få innsikt på dette området. Ikke av spekulativ interesse, men fordi det er en del av den åndelige virkelighet jeg ønsker å bli enda mer bevisst på. Amen.

Daglig gjennombrudd

3 April

Da jeg ble bevisst evnen

En gang jeg hadde møter i Bergen, og vi var i slutten av møtet, ba jeg for de syke. Med litt god menneskekunnskap kan man lett "lese" litt om et menneske, ved å se dem og deres åpenbare adferd. Slik har jeg alltid trodd at jeg kunne, på grunn av en god menneskekunnskap - også da i dette møtet. Etter møtet kom en eldre kvinne bort til meg og sa: "Du tror din **menneskekunnskap** gjør at du kan si alt det du sier om mennesker i møtene. Det er ikke det," sa kvinnen. «Dette er **evne til å prøve ånder** som virker i ditt liv». Dette hadde jeg aldri tenkt på. Jeg forstår det nå, at evnen til å prøve ånder **virker** i mitt liv - ikke at jeg har blitt gitt den på et tidspunkt, den er medfødt i alle, men må utvikles.

Forsøk på ånds-mix

Enkelte kristne, med en "tynn vegg" fra sjelen og ut i det fysiske, kan også oppleve sterk intuisjon. Her kan Satan koble seg på, hvis man ikke lever et seriøst, hengivent, overgitt liv til Kristus med god innsikt i Bibelen.

Daglig gjennombrudd

Det er kun en måte å bli sterk i å prøve ånder på
Det er kun en måte å bli sterk i å prøve ånder på, det er å få **et sterkt personlig forhold til Kristus.** Kjenner du Kristus godt og personlig, vet du også meget godt hva som ikke er av Ham. Da har du det, en styrket evne til å prøve ånder.

Har du vært gift noen år, så kjenner du ektefellen din. Ingen kan komme til deg å si at en annen er din ektefelle, hvis de ikke er det. Du kjenner din ektefelle. Ser du, her har du "prøvd ektefellen".

Ser du likheten? Du trenger ikke kjenne Satan så godt for å skjelne/prøve ånder. Du trenger å **kjenne Jesus godt.** Da vet du hva som er hva, du blir ikke lurt. Dette er en evne som du bestemmer utviklingen på i ditt liv.

Kjære Jesus
Takk at jeg begynner å forstå hva det viktigste i mitt liv som en kristen er. Det er nemlig å leve helhjertet for deg. Det som jeg eventuelt skal fungere i som en kristen i det overnaturlige, vil jeg utvikle etter som du taler til mitt tankeliv. Takk at jeg kan få tjene Deg. Amen.

Daglig gjennombrudd

4 April

Evnen til å prøve ånder, det viktigste i vår tid

Har du ikke evnen til å prøve ånder trent opp som nevnt, vil du bli bedratt av demoner. Da vil du kunne komme med spådommer som profetier, og mennesker vil også kunne bli helbredet. Det som skjer er at forbannelse bringes over disse mennesker, ikke velsignelse fra Gud.

Mange kristne tar imot bare det er åndelig

Kristne kan bli så **forvirret** at de tar imot ting som er fra Satans tanker, eller fra demoner. De sier: «Det må jo være Gud». Det er overnaturlig, det er helt likt det vi hører om som andre opplever, eller ser på Youtube på internett. Nei, så enkelt er det ikke. Sløve kristne er nok Satans favoritter.

Demonene kjenner Jesus

Det Nye Testamentet viser at demonene kjenner Jesus og frelsen som kommer fra Ham. (Mark 1, 23-26) Lever vi helt for Kristus, vil Satan og demonene kjenne Kristus i deg, i den grad du kjenner Jesus i deg selv.

Daglig gjennombrudd

Å forsøke gjøre Guds gjerninger med Satans hjelp - er en sikker vei til undergang!

Din evne til å oppfatte riktig

Ånden vil tale gjennom drømmer, profetiske ord og visjoner. Men mesteparten av det som åpenbares, vil komme gjennom **vår evne til å oppfatte riktig.** Bibelen forteller oss at Jesus i Sin Ånd merket hva menneskene tenkte. Slik også med oss.

Å avlegge kjøttets gjerninger og bli ikledd Åndens frukter er helt nødvendig

Hvis vi ønsker å vandre i guddommelig åndsbedømmelse, må vårt syn på livet renses for menneskelige tanker og reaksjoner. Så her er allerede en vandring og prosess man må igjennom, for å komme til punktet med å bedømme/prøve ånder.

Kjære Jesus

Jeg forstår at det er mitt liv som må bli mer og mer lik Deg, hvis mitt kristenliv skal fungere som Du vil. Takk at Du går med meg i vandringen i prosessen som må gjøres for å bli Deg er mer lik. Amen.

Daglig gjennombrudd

5 April
Her er et hovedpunkt

"Ikke dømme"
Man kan ikke komme med en sann
åndsbedømmelse, eller prøving av ånder,
før vi har korsfestet vårt instinkt til å
dømme. Ja, her er en vei å gå. Her er viktige
detaljer i oss som må ut - og andre inn. Det
tar lang tid når ting må rykkes opp med rot,
alle de tankemønstre som ikke er plantet i
den guddommelige jord av tro og kjærlighet
til mennesker.

Dette er ting som må vekk, før vi kan motta
evnen til å bedømme det som må bedømmes
gjennom **"Kristi forstand"** i deg. (1 Kor
2,16) Vi må først ha funnet Kristus, og Han
må regjere i oss. Jesu kjærlighet og natur
oppsummeres i Hans egne Ord:

*"Jeg er ikke kommet for å dømme verden,
men for å frelse verden."* (Joh 12, 47)

Åndelig bedømmelse - er nåde til å se inn i det usette

En kime av denne evne ligger i oss fra mors liv. Vi er som mennesker forberedt for en levende åndelig tilværelse. Den evnen utvikles etter hvert som vi utvikler oss i modenhet i Kristus. Noen får dette mye sterkere enn andre. Da er det snakk om en gave av nåde, bestemt for å bruke for Guds fullkomne plans gjennomførelse. Nemlig: Evangeliet til hele verden, så Jesus kan komme tilbake.

Her er det snakk om kunnskaps tale og visdoms tale ved Ånden. Denne gavens hensikt er å se hvilken natur det tilslørte er av. Hva det har vært og hva det eventuelt kan bli.

Det første sløret som må fjernes: Sløret over vårt eget liv

Men det første sløret som må fjernes, er sløret over vårt eget liv. Vi må se oss selv og graden av vårt eget behov. Evnen til å se inn i det som er utenfor, kommer ved at Kristus avslører det som er innenfor. Vi må først og fremst forstå våre egne behov for Hans nåde, slik at vi ut fra den nåden kan betjene andre på en medfølende måte. I denne prosessen vil vi oppdage alt negativt i vår egen natur.

Daglig gjennombrudd

Jesu Kristi mål er å frelse, ikke å dømme
Vi må alltid ha klart for oss at **Kristi mål er
å frelse, ikke å dømme.** Vi er kalt til å
vandre på den smale, godt gjemte sti. Den
sti som fører inn til den egentlige natur i
menneskets behov. Hvis vi virkelig vil
hjelpe mennesker, må vi huske å følge
Lammet. Dette grunnlaget må legges riktig.
Selviskhet er det ikke rom for. Skal du
bedømme, kan du ikke reagere. For å makte
det, må du gjøre deg blind for det som
virker opplagt.

Kjære Jesus
Jeg begynner virkelig å forstå sannheten om
meg selv og hva som trengs å gjøres der.
Takk at Du er med meg i prosessen. Amen.

Daglig gjennombrudd

Daglig gjennombrudd

6 April

Mennesker vil kanskje reagere på deg, men du kan ikke reagere på dem

"Kjøttet må dø"

Forstår du? Kjøttet må dø. Ellers vil du ikke være brukbar i en oppgave som dette. Du må alltid forbli tilgivende av natur. Demonene du vil komme til å kaste ut, vil tale til deg med menneskers stemme, forkledd som mennesker. Nettopp på dette grunnlag sa Jesus:

"Den som taler et ord mot Menneskesønnen, skal få tilgivelse."
(Luk 12,10)

Jesus var rede til å tilgi mennesker før de i det hele tatt hadde syndet mot Ham. Han visste at Hans oppgave var å gi livet for menneskeheten, ikke fordømme dem.

Daglig gjennombrudd

Vi er ikke bare kalt inn i Kristi liv, men inn i Hans oppgave.

Jesus sa:

"Liksom Du har sendt Meg til verden, har Jeg sendt dem til verden." (Joh 17,18)

Vi er kalt til å dø, for at andre skal få leve

Før denne evnen kan utvikles, må vår kjærlighet utvikle seg så mye at **tilgivelse blir vår normale holdning.** Hvis Gud vil vise oss menneskers indre for å befri dem fra fangenskap, kan vi ikke reagere på det de sier. Når vår varhet blir mer lik Kristus selv, og menneskenes indre åpenbares for oss, kan vi ikke engang reagere på det de tenker.

Vil vi ikke vandre i guddommelig tilgivelse, vil vi bli offer for mange bedrag. Vi vil tro vi har gaven til å bedømme/prøve ånder, når sannheten er at vi ser alt gjennom sløret av en **kritisk ånd!** Vi må kjenne våre svakheter. For hvis vi er blinde for våre synder, vil det vi mener å avsløre i andre, bare være et speilbilde av oss selv! Det var dette Jesus underviste oss om da Han sa:

31

*"Døm ikke, for at dere ikke skal bli dømt!
For med den samme dom som dere dømmer
med, skal dere dømmes.
Og med det samme mål som dere måler
med, skal dere måles igjen.*

*Hvorfor ser du splinten i din brors øye, men
bjelken i ditt eget øye blir du ikke var?
Eller hvordan kan du si til din bror: La meg
dra splinten ut av ditt øye? Og se, det er en
bjelke i ditt eget øye! Du hykler, dra først
bjelken ut av ditt eget øye, så kan du se å
dra splinten ut av din brors øye!»*
(Matt 7,1-5)

Kjære Jesus
Takk at Du er med i prosessen med å legge
mitt liv ned, så Du kan leve i meg. Amen.

Daglig gjennombrudd

Daglig gjennombrudd

7 April

Anger og omvendelse er å fjerne bjelken i vårt eget øye

Anger og omvendelse er den **sanne begynnelsen til å se klart.** Det er mange som tror de mottar Herrens bedømmelse om det ene og det andre. Kanskje i noen tilfeller gjør de det - bare Gud vet. Men mange **dømmer** rett og slett andre - og **kaller det** å prøve ånder/åndsbedømmelse. Jesus befalte oss ikke å dømme. Den samme evige hånd som i den Gamle Pakt skrev Loven på steintavler, skriver i dag Rikets lover på tavler av kjøtt. Ordet "døm" er akkurat like uforanderlig og endelig som Hans ti bud. **Det er for alltid og evig Gud som taler.**

Av nåde er dere frelst, reddet

Jeg husker godt dagen da jeg ble frelst av nåde. Men dagene kom raskt etter, da jeg forsto at det å være en kristen var en meget seriøs sak. Det hadde med evigheten å gjøre. Jeg forsto ingenting av det den gang, nå forstår jeg noe. Nok til å forstå at det er jeg som må dø i meg selv, så Jesus kan leve Sitt liv gjennom meg.

Han skal vokse, jeg skal avta

Daglig gjennombrudd

Det var mange ting jeg gjorde før jeg ble frelst, som jeg ikke kan gjøre lenger - hvis jeg vil ha en levende Kristus i mitt liv. Det er dette som er helliggjørelsen. Det er en helt nødvendig ting for å bli moden i Kristus og det tar mange år. Ja, hele livet. Jesus var alltid så vis i Sine svar. Hør på dette svar som ble gitt når det var uoverensstemmelse:

"Han skal vokse, jeg skal avta."
Det er Kristus som skal vokse i oss - og vi som skal avta. Dette er en fantastisk prosess, når det går opp for oss ved åpenbaring, hva vi er med på. Jeg tror du har begynt å forstå dette nå.

Kjære Jesus
Takk for at jeg kan få gå i denne helliggjørelsens vandring med livet mitt. Jeg forstår at ingenting gir mer glede, enn at Ditt liv får leve gjennom meg, med alt det livet har. Amen.

Daglig gjennombrudd

8 April

Avsløre falsk prøving av ånder

Hvis du har noe svært viktig å fortelle en person, kan ikke den personen fortsette å gjøre noe annet mens du taler. Du ber om deres fulle oppmerksomhet. **Gud taler heller ikke til oss før vi setter ned tempoet,** kobler ut det vi holder på med (det kan være hverdagslige ting). Vi må gi Ham vår fulle oppmerksomhet for å kunne vandre i sann åndsbedømmelse.

Når vi skal prøve ånder

Når vi skal prøve ånder, må våre **hjerter være stille for Gud.** Vi må lære å lytte. Lære å lytte lærer vi i ensomheten med Gud. Dette tar lang tid, det tar år å justere dette.

Du må være ferdig justert når oppgavene kommer

Når du da er blant mennesker, trenger du ikke at alt skal være rolig rundt deg så du kan få lyttet. Det gjøres gjerne av personer som har behov for oppmerksomhet. Du har lært å lytte, **du er allerede finjustert, du tar inn signalene uansett.**

Daglig gjennombrudd

"Stans og innse at Jeg er Gud!" (Salme 46,11)

Avlutt strevet og vit
Vi kan ikke engasjere oss i åndelig krigføring uten først og fremst å være bevisst på Gud, og gjennom Ham bedømme fienden.

Sann åndsbedømmelse
All sann åndsbedømmelse kommer gjennom en ånd som har sluttet å streve. En ånd som selv i de verste prøvelsene i sin personlige kamp, **vet** at Herren er Gud.

Støysenderen som hindrer bedømming
Det finnes en "støysender" som hemmer vår evne til å bedømme:
Det er våre tanker og reaksjoner. De hindrer oss i å høre Gud.

Før det kjødelige sinnets motor er slått av, vil ikke sann åndsbedømmelse være hos oss. Vi må dø fra personlige dommer, tanker om gjengjeldelse og selvmotivasjon.

Jesus sa: "Jeg kan ikke gjøre noe av Meg selv. Jeg hører, og etter det dømmer Jeg." (Joh 5,30)

Daglig gjennombrudd

Han hadde sluttet å streve. Vi må også lære
å lytte til Den Hellige Ånds røst. Når vi
slutter å streve, kan vi dømme og bedømme
etter det vi hører.

*"Og dette er min bønn, at deres kjærlighet
må bli mer og mer rik på innsikt og
dømmekraft."* (Fil 1, 9)

Takk Jesus
Takk for den ledelse jeg får inn i disse
viktige tingene, når jeg legger hele mitt liv
ned for Deg. Takk for at Dine åpenbaringer
komme til meg med forståelse. Amen.

Daglig gjennombrudd

Daglig gjennombrudd

9 April

Dømmekraft

kommer fra overflod av kjærlighet.
Overflod av kjærlighet er det som strømmer
ut av oss til andre. Den er et **resultat av og
motivert av langsiktig overgivelse; det er
en offervillig nestekjærlighet.**

**Falsk og sann prøving av
ånder/åndsbedømmelse**
Det finnes en falsk åndsbedømmelse som er
grunnlagt på mistillit, mistenksomhet og
frykt. Du kan gjenkjenne **falsk**
åndsbedømmelse på **kulden** som omgir den.

Falsk prøving av ånder kan pakkes inn i
en slags kjærlighet, men den har **ikke sitt
utspring i kjærligheten;** den kommer fra
kritikken.
Sann prøving av ånder/åndsbedømmelse,
er dypt rotfestet i kjærligheten.

*"At Kristus må bo ved troen i deres hjerter,
så dere rotfestet og grunnfestet i kjærlighet,
må være i stand til å fatte med alle de
hellige, hva bredde og lengde og dybde og
høyde der er." (Ef 3,17.18)*

Sann åndsbedømmelse ser **innersiden,**

Daglig gjennombrudd

ikke det som kan bedra på yttersiden.
Falsk åndsbedømmelse ser **yttersiden** av et
menneske eller en situasjon, og later som de
kjenner innersiden. Deres dommer er falske,
fordi de ikke er overgitt til renselsen av
Kristus gjennom det skrevne Guds Ord,
Bibelen. Som igjen fører deg inn i
situasjoner for **prøvelser som skaper
renselsen i deg.**

Guddommelig åndsbedømmelse
kommer fra guddommelige motiver.
Guddommelige motiver er de som har sin
rot i overgitt kjærlighet.

*"Døm ikke etter det dere ser, men døm
rettferdig!"* *(Joh 7,24)*

**Rettferdig dom er et direkte resultat av
kjærlighet.** Kjærligheten går forut for fred -
og fred går forut for evnen til å
registrere/fornemme i sin ånd. Uten
kjærlighet og fred i ditt indre, vil din dom
være altfor streng. Selv om ditt ansikt
smiler. Det vil være for mye sinne i deg.
Falsk prøving av ånder, er alltid sen til å
lytte, rask til å snakke og rask til å bli sint.

Fred må råde i hjertet
Det ligger noe **anspent** under **falsk**
åndsbedømmelse, en uro som presser sinnet
til å felle en dom. **Sann** åndsbedømmelse
kommer fra et **rolig** og **rent** hjerte, et som
nesten overraskes over visdommen og
nåden i Guds stemme. Husk at våre tanker
alltid er farget av holdningene i vårt hjerte.

*Jesus sa: "Det hjertet er fullt av, taler
munnen." (Matt 12,34)*

*Han sa også: "Innenfra, fra
menneskehjertet kommer de onde tanker."
(Mark 7, 21)*

Takk Jesus
For den fantastiske vandringen Du nå fører
meg på. Den kom overraskende på meg,
men jeg vil gå den. Amen.

Daglig gjennombrudd

Daglig gjennombrudd

10 April
De rene av hjertet

"De rene av hjertet... skal se Gud."
Matt 5, 8)

Det er fra sjelen, personligheten og ånden at munnen taler. Øynene ser, ørene hører og sinnet tenker. De samme sansene hvor vi tar ting inn i vår sjel, er de samme sansene vi slipper vårt indre ut gjennom.

"Bevar ditt hjerte (sjel og ånd) fremfor alt det som bevares; for livet utgår fra det."
(Ord 4,23)

Sjelens liv
Livet slik vi kjenner det, har sitt grunnlag i vår sjels tilstand, vårt indre - vårt hjerte som det ofte blir kalt. Åndens utrustning og evner kanaliseres gjennom sjelen og ut gjennom sansene, før det kan presenteres for verden rundt oss. Er ikke vårt indre rett, vil ikke gaven være rett.

Når vårt indre er urolig, kan det ikke høre fra Gud

Daglig gjennombrudd

Derfor må vi lære å mistro de dommer vi feller når hjertet er bittert, sint, ærgjerrig - eller av hvilken grunn som gir rom for strid.

Bibelen sier: "La Krist fred råde." (Kol 3,15)

Kong Salomo skrev: "Bedre en håndfull ro, enn begge never fulle av strev og jag etter vinning." (Pred 4,6)

Hvis vi ønsker evne til å utvikle sterk prøving av ånder/åndsbedømmelse, må vi bli utfordrende rolige. En forventende sinnstilstand, ikke en passiv. En konsentrert venting på Gud. Åndsbedømmelse kommer fra vår følsomhet for Kristus i Åndens verden. (Les min bok: Bønn på dypet). Den kommer fra kjærligheten i vår motivasjon, fred i våre hjerter og en balansert og ventende holdning til Gud i sinnet. **Gjennom et liv som Gud har fått forberedt i denne grad, åpenbares evnen/utrustningen til å bedømme åndsåpenbaringer.**

Kjære Jesus
Jeg takker Deg for at den muligheten har jeg. Takk at jeg kan få legge mitt liv ned, for å vokse opp i Deg. Amen.

Daglig gjennombrudd

11 April
Ord - vårt våpen mot "tidsånden"
Paulus sier:

"For våre stridsvåpen er ikke kjødelige, men mektige for Gud til å omstyrte festningsverker. Idet vi omstyrter tankebygninger og enhver høyde som reiser seg mot kunnskapen om Gud, og tar enhver tanke til fange under lydigheten mot Kristus." *(2 Kor 10,4)*

Ser du? Hvert et ord har en makt bak seg, en ånd bak seg. Enten er det den Hellige Ånd, altså Guds Ånd, eller så er det Satan og demonenes onde ånd. De seirende redskapene er gitt oss i Kristus Jesus, som vi da ikke har brukt inntil nå - med tyngde.

Bak hvert et ord står en ånd
Studenter som utdannes, tar over politiske partier, administrasjoner på alle nivåer i det offentlige Norge, på skolene våre - og ellers i verden. Folket fikk ikke snudd seg i sengen før kulturrevolusjonen var over. Satans flettverk har begynt å hardne til. Men venner, seieren er vår i Kristus Jesus! Vi må bare **vite** hva vi står over for, vi må kjenne vår fiende. Vi kan beseire vår fiende,

Daglig gjennombrudd

Satan, i Jesus navn, bare vi forbereder våre åndelige våpen i den åndelige verden. **Verden ble lurt** på alle nivåer av filosofenes teoretiske tanker. Ikke praktiske, prøvede tanker som det er hold i. Og ikke minst tidsånden, som er et ord som lett brukes.

Tidsånden - hva er det?

Tidsånden er Satans ånd, den som forsøker å beseire hele verden. Unge mennesker i studiemiljøer, uten livets erfaringer - er lett bytte nettopp for tidsånden, filosofenes tanker og Satans ånd. Dette er virkeligheten. På grunn av filosofers mektige innflytelse på universiteter, i media og i kirker, ble Jesus tatt ut av grunnloven 21. mai 2012. Vi ble en sekulær stat. Sekulære stater er til nå i historien blitt "monster stater".

"Det eneste som kan redde oss fra den totalitære fare, er at vi vender tilbake til vår kristne arv og de 10 bud," sa den franske ny-filosofen Levy.

Kjære Fader
Jeg forstår vi lever i en meget kampfull tid.
Med en krig i åndens verden som aldri
tidligere har vært - fordi Du kommer snart
igjen. Takk at jeg kan ved Ditt Ord,
forberede meg for å være en disippel av
Jesus Kristus, Din Sønn, i denne
avsluttingsepoken av menneskehetens
historie. Amen.

Daglig gjennombrudd

12 April
Hver den som ber, han får
I

"For hver den som ber, han får."
(Matt 7, 8)

Du kan be om hver en velsignelse Jesus ga Sitt liv for.

"Kristus kjøpte oss fri fra lovens forbannelse, idet Han ble en forbannelse for oss - for det er skrevet: Forbannet er hver den som henger på et tre." (Gal 3, 13)

Jesus la tyngde på det faktum, at hver den som ber - mottar (gresk). Dette om å be kommer seks ganger i denne teksten. Han vil vi skal føle oss fri til å spørre.

"Be, så skal dere gis, let, så skal dere finne, bank på, så skal det lukkes opp. For hver den som ber, han får - og den som leter, han finner, og den som banker på, for han skal det lukkes opp." (Matt 7,7-8)

Alle har like rettigheter - Herren respekterer ingen mer framfor en annen. Jesus har ingen favoritter. Utenom det at en og hver av oss må **komme i tro.**

"Jesu sa: Den som kommer til Meg, vil Jeg aldri kaste ut." (Joh 6, 37)

Uansett hva behov du har
"Jesus sa: Hvis dere blir i Meg, og Mine Ord blir i dere, da be om hva dere vil, og dere skal få det." (Joh 15, 7)

Husk uansett hva behov du måtte ha, kan du komme til Jesus med det og motta din hjelp.

Takk Jesus
At jeg kan komme i all enkelhet til Deg og motta svar på mine bønner. Takk for at Du har vist meg dette i åpenbaring, så jeg kan gripe det i troens fulle visshet - ikke håpe jeg har det - men **ta imot i tro.** Amen.

Daglig gjennombrudd

13 April

Hver den som ber han får
II

Hver og en kan spørre selv

"Derfor sier Jeg dere: Alt dere ber og begjærer om, tro bare at dere har fått det, så skal dere motta det (gresk)." *(Mark 11, 24)*

"Hvordan kunne en forfølge tusen, og to drive ti tusen på flukt?" *(5 Mos 32, 30)*

Dobbelt tall av troende, øker resultatet ti ganger!

"Paulus sa: Hvis du med din munn bekjenner Jesu som Herre, og i ditt hjerte tror at Gud oppvakte Ham ifra de døde, da skal du bli frelst." *(Rom 10, 9)*

En kan gjøre dette, tusen kan gjøre dette - samtidig - og alle vil bli frelst.
Hver en synder som omvender seg, tror, bekjenner, aksepterer og tar imot, blir frelst.

Daglig gjennombrudd

Et løfte fra Gud:

Til frelse, gjenfødelse, ny skapning

"Alle dem som tok imot Ham (Jesus), dem ga Han rett/kraft til å bli Guds barn, de som tror på Hans navn." (Joh 1, 12)

Det samme gjelder de syke:
De kan be selv, begjære selv, tro selv, ta imot selv og bli helbredet.

"Alle de som rørte ved Ham i tro, mottok sin velsignelse." (Matt 14, 43)

Å spørre selv er det beste:

"Hver den som ber får." (Matt 7,8)

Hver velsignelse Jesus ga Sitt liv for å føre fram, gjorde Han for deg personlig, det er din eiendom i Ham.

"Dere skal kjenne sannheten og sannheten skal sette dere fri." (Joh 8, 32)

"Gud sa: Rop på Meg, og Jeg vil svare deg." (Jer 33, 3)

Ser du enkelhetens evangelium?
Sansekunnskapen kan gjøre det vanskelig.

Daglig gjennombrudd

Når Herren åpenbarer det for deg, blir det enkelt. Alt Herren åpenbarer, blir enkelt.

Kjære Far

Jeg takker Deg for at Du åpner Skriftens enkelhet for meg gjennom åpenbaring, så jeg i enkelhet kan tro Ditt Ord, med troens fulle visshet. Amen.

Daglig gjennombrudd

Daglig gjennombrudd

14 April
Prøve Åndene I
**Jeg tar med noen vers fra det mange
kaller "nådegave-kapitlet"**

*"En annen **kraft til å gjøre**
undergjerninger, en annen **profetisk gave**,
en annen **evne til å prøve ånder**, en annen
forskjellige slags tunger, en annen tydning
av tunger." (1 Kor 12, 10)*

Her skal vi høre hva Paulus sa til de eldste i
Efesus:
*"Etter min bortgang, skal det komme
glupende ulver inn blant dere, som ikke
skåner hjorden;
Ja, blant dere skal det fremstå menn som
fører forvent/vrang tale for å lokke
disiplene etter seg.
Og nå overgir jeg dere til Gud og Hans
nåde." (Apg 20, 27-31)
Jeg tar med et vers til i denne sammenheng:
"Jesus sa: Se derfor til at lyset i deg ikke er
mørke." (Luk 11, 35)*

Mange tror de er i lyset, men er det ikke
*"Men Ånden sier med tydelige Ord, at i de
kommende tider skal noen falle fra troen,*

Daglig gjennombrudd

*idet de holder seg til forførende ånder og
djevlers lærdommer,
ved hykleri av falske lærere, som er
brennemerket i sin egen samvittighet.
Som forbyr folk å gifte seg og byr å avholde
seg fra mat, den Gud har skapt til å nytes
med takk av dem som tror og har lært
sannheten å kjenne.
For all Guds skapning er god, og intet er å
forkaste når det mottas med takk,
for det helliges ved Guds Ord og bønn.
Når du lærer brødrene dette, da er du en
god Kristi Jesus tjener, idet du nærer deg
med troens og den gode lærdoms Ord som
du har fulgt." (1 Tim 4, 1-6)*

**Utrustning med krafts gave, er farlig
uten visdom og ledelse av visdom i den
Hellige Ånd.**

Kjære Far
Takk for at Ditt Ord er sannheten. Jeg vil
holde meg til Ditt Ord og adlyde det, i
troens lydighet. Takk for at jeg får følge
Deg, og for at jeg alltid vil bli bevart i den
sunne lære, når jeg holder meg til Ditt Ord
alene. Amen.

Daglig gjennombrudd

Daglig gjennombrudd

Daglig gjennombrudd

15 April

Prøve åndene II

*"Men vokt dere for de falske profeter, som
kommer til dere i fåreklær, men innvortes er
glupende ulver!
Mange skal si til Meg på den dag: Herre!
Herre! Har vi ikke talt profetisk ved Ditt
Navn, og utdrevet onde ånder ved Ditt navn,
og gjort mange kraftige gjerninger ved Ditt
navn!
Og da skal Jeg vitne for dem: Jeg har aldri
kjent dere; vik bort fra Meg, dere som*
gjorde urett!
*Derfor hver den som hører disse Mine Ord,
og* **gjør** *etter dem, han blir lik en forstandig
mann som bygget sitt hus på fjell."* (Matt 7,
15, 22-24)

*"Og da skal mange ta anstøt, og de skal
forråde hverandre og hate hverandre.
Og mange falske profeter skal oppstå og
føre mange vill."* (Matt 24, 10.11)

*"Men det oppstod også falske profeter blant
folket, likesom det også blant dere skal
komme falske lærere, og som skal lure inn
vrange lærdommer som leder til fortapelse,
idet de endog fornekter den Herre som
kjøpte dem, og fører over seg selv en brå*

Daglig gjennombrudd

fortapelse. Og mange skal følge dem etter i deres skamløshet, og for deres skyld skal sannhetens vei bli spottet.'' (2 Pet 2, 1-3)

Takk Far

At jeg kan få stå trygt i sannheten og proklamere sannheten, så sannheten ikke blir spottet. Men at Ditt evig levende Ord kan bli proklamert til siste del av den unådde verden - med evangeliet - så Du kan komme igjen. Amen.

16 April
Prøve åndene III

"Skikk dere ikke lik med denne verden, men bli forvandlet ved fornyelsen av deres sinn." *(Rom 12, 2)*

"For om vi vandrer i kjøttet, så strider vi ikke på kjødelig vis." *(2 Kor 10, 3-6)*

"Grip foruten alt dette, troens skjold hvormed dere skal slukke alle den ondes brennende piler." *(Ef 6, 10-16)*

"Gi ikke djevelen rom." *(Ef 4, 22-27)*

Vår jobb nr 1 - er vår sikkerhet Misjonsbefalingen/Jesu befaling til de troende i Markus 16, 15:

«Gå ut i all verden og forkynn evangeliet for all skapningen».

"Mange skal komme i Mitt navn og si: Jeg er Messias, og de skal føre mange vill." *(Mark 16, 15)*

Daglig gjennombrudd

Årsaken til all åndelig forvirring i verden
er ene og alene på grunn av **ulydighet** mot
Jesu misjonsbefaling. Ulydigheten imot
Jesu misjonsbefaling har brakt inn usunne
lærer, vrange lærer, stolthet og hovmod,
usunne ledelser, mang en merkelig
"menighets-stil" med stor materialisme,
«kjødelig åndelighet» (hvilket ikke finnes),
så da er det kun kjødelighet med bindinger
av demoner og Satans tanker.
I salene sitter mennesker som ønsker å tjene
Jesus, men som ikke er åndelig modne. De
sluker da alt som blir servert av kjødelig
forkynnelse, som utgir seg for å være
åndelig. Her har Satan og demonene sine
aller enkleste inngangsporter!
Situasjonen er tragisk veden over.
Løsningen er som jeg har skrevet - enkel.
Lydighet mot misjonsbefalingen i Markus
16, 15-18.

Kjære Far i himmelen

Jeg ønsker å gjøre min del i dette som er
Din store befaling til verdens gjenfødte.
Takk for at jeg kan vandre i ydmykhet og
trofasthet mot Ditt Ord, slik at jeg kan bli
effektiv i min tjeneste. Det er bare Deg,
Jesus, som er min Herre. Ingen pastor eller
annen leder er det, det er Deg alene som er
min Herre. Jeg vil adlyde Deg, uansett hva
andre måtte forsøke å få meg til å gjøre. Gir
det som blir sagt til meg, ingen
overensstemmelse i Ditt Ord, og heller
ingen sanksjon min ånd - vil jeg ikke ta
imot det som blir sagt, uansett hvem som
sier det til meg. Amen.

Daglig gjennombrudd

17 April

Gud ga

Gud ga oss "noen til" - det står ikke tjenestegaver
Jeg tar med disse bibelsteder fra Paulus brev til Efeserne. "Tjenestegave". Det er et uttrykk som ofte blir brukt. Man kan høre spørsmål komme som: "Hvilken tjenestegave har du"? Den riktige benevnelsen er:

Han, Gud Jehova ga oss noen til...

"Og det er Han som ga oss noen til apostler, noen til profeter, noen til evangelister, noen til hyrder og lærere, for at de hellige (de gjenfødte, overgitte) kunne bli fullkommengjort til tjenestegjerning, til Kristi legemes oppbyggelse,
inntil vi alle når frem til enhet i tro på Guds Sønn og kjennskap (ikke kunnskap) til Ham, til manns modenhet, til aldersmålet for Kristi fylde.
For at vi ikke lenger skal være umyndige og la oss kaste og drive om av ethvert lærdoms vær ved menneskers spill, ved kløkt i villfarelsens kunster,

Daglig gjennombrudd

men at vi i sannheten tro i kjærlighet, i alle
måter skal vokse opp til Ham som er hodet,
Kristus." *(Ef 4, 11-15)*

Vi tar også med vers som omhandler det
samme i 1 Korinterbrev 12, 28:

"Og Gud satte i menigheten først noen til
apostler, for det annet profeter, for det
tredje lærere, så kraftige gjerninger, så
nådegaver til å helbrede, til å hjelpe, til å
styre, forskjellige slags tunger." *(1 Kor 12,*
28)

Her er det ikke snakk om "hvilken
tjenestegave har du?" Det blir nærmest
uttrykt som at du har noe opphøyet. En
tjenestegave, hvis det uttrykket skulle
brukes, betyr at du skal være de kristnes
tjener. Da vil adferden være som en **tjener**
i ydmykhet.

Kjære Far
Jeg velger å tro at Dine sanne tjenere med
budskap og ledelse i ydmykhet, kommer på
plass, når vi i lydighet gjør Din befaling i
Markus 16, 15-18. Amen.

Daglig gjennombrudd

18 April

Gud satte i menigheten

Her ser vi Paulus skriver det litt annerledes, han sier: "Gud satte i menigheten."

I brevet Paulus skrev til Efeserne het det "Gud ga oss noen til." La oss se litt på det som er skrevet her i Korinterbrevet: "Gud satte i menigheten".

Gud satte i menigheten (1 Kor 12, 28)
Først noen til apostler.

For det annet til profeter.

For det tredje til lærere.

Så kraftige gjerninger.

Så nådegaver (flertall) til å helbrede.

Til å hjelpe.

Til å styre.

Forskjellige slags tunger.

Her er nevnt kraftige gjerninger, nådegaver (flertall) til å helbrede. Her er ikke hyrden nevnt, men derimot "til å hjelpe", "til å styre", "forskjellige slags tunger".

Daglig gjennombrudd

Gud ga oss noen til (Ef 4, 11)

Apostler,

noen til profeter,

noen til evangelister,

noen til hyrder og lærere.

Jeg tror det er av høyeste viktighet å være nøye i benevnelsen av de forskjellige tingene som her er nevnt. Når det gjelder Herren og Hans Ord, er detaljene viktige. Det er 100% nødvendig at åpenbaringskunnskapen, det profetiske og kraft-gavene er tilstedeværende, slik Gud vil i de forskjellige oppgavene (1 Kor 12). Ellers er det død forkynnelse.

En hver Gud innsatte i tjeneste, er ydmyk
Er den som påberoper seg å ha en tjeneste, ikke omvendt og ydmyk, så er han ikke innsatt i tjeneste. Alt jeg her har nevnt er kun oppgaver for Herrens omvendte, ydmyke tjenere som setter andre foran seg selv. Tjenere som løfter andre opp høyere enn seg selv. For å hjelpe Kristi legeme, Hans fellesskap til modenhet.

Hjelpe legemet til modenhet, gjennom det
Herren har gitt dem ved åpenbaringens
kunnskap i det skrevne Guds Ord, Bibelen.

Kjære Far
Jeg takker Deg Far, for at dette raskt vil bli
en virkelighet nå i tiden. La meg få komme
inn på den plassen jeg skal være, i denne
viktige avslutningens tid. Amen.

Daglig gjennombrudd

19 April

Gudgitte tjenende ledere
Åndelige ledere og hyrder som "sjefer og kontrollører" i menigheten

Dette står det ingenting om. Derimot kommer det kraftig frem mange steder i Bibelen, **ydmykhet, kjærlighet, tjenende sinn og eksemplets makt.** De som vil oppleve at Gud bruker en i noen av de forskjellige oppgavene jeg har nevnt, må stå i oppgaven med rett holdning, grunnlagt på et overgitt liv til Kristus Jesus. Hvis ikke er du kun en ødeleggende faktor, uansett hvor flink du er til å preke og fange menneskers interesse.

Jeg tar også med det som kalles nådegaver og tjenester

*"Det er forskjell på **nådegaver**, men Ånden er den samme. Og det er forskjell på **tjenester**, men Herren er den samme. Det er forskjell på kraftige virkninger, men Gud er den samme, som virker alt i alle. Men Åndens åpenbarelse **gis** enhver til det som er gagnlig. For en **gis** visdoms tale ved Ånden, en annen kunnskaps tale ved den samme Ånd.*

Daglig gjennombrudd

*En annen tro ved den samme Ånd, og en annen **nådegaver** til å helbrede ved den samme Ånd.*

*En annen **kraft** til å gjøre undergjerninger, en annen profetisk gave, en annen **evne** til å prøve ånder, en annen forskjellige slags tunger, en annen tydning av tunger. Alt dette virker den ene og samme Ånd, idet Han utdeler til hver især etter som Han vil. For likesom legemet er ett og har mange lemmer, om de enn er mange, dog er ett legeme, slik også med Kristus."*
(1 Kor 12, 4-11)

Gaver som skal være tjenende til folket
Vi ser det er forskjellige navn på oppgavene. "Nådegaver" har ofte blitt katalogisert feil. Det samme med det som ofte blir kalt "tjenestegaver".
Det som er det viktige over alt, er at vi forstår at alt dette som Gud gir, er for at vi skal **tjene** med disse Guds gaver.

Kjære Far
Jeg takker Deg for at det i denne tiden kommer fram de rette tjenere i Kristi legeme, så oppgaven kan bli fullført. Amen.

Daglig gjennombrudd

20 April

Herren gir
Når disse oppgavene blir gitt til gjenfødte kristne

Det mest normale her at når vi blir frelst, så er det noen av oss som kjenner på å tjene Herren sterkere og på en annerledes måte enn andre. Noen blir flinkere til å legge ut Bibelens Ord og har et større hjerte for å betjene mennesker. Disse har som oftest en oppgave gitt fra Gud som venter. Oppgaven venter på at du skal utvikle deg. Utvikle deg slik at alt kommer på plass. Helliggjørelsen og åpenbaringen går hånd i hånd. Da vil åpenbaringer bli tilgjengelige for deg som gjelder oppgaven du har blitt gitt.

Er vi ikke villige til å gå videre i helliggjørelsesprosessen med Herren, så vil åpenbaringene og gavene bli mindre, og til slutt forlate deg.

Fram til modenhet
Tjeneste fra Gud er kun for den ene oppgave å hjelpe de gjenfødte fram til modenhet i Kristus.

Daglig gjennombrudd

"Inntil vi alle når fram til enhet i tro på Guds Sønn og i kjennskap (åpenbaringskunnskap) til Ham, til modenhet, til aldersmålet for Kristi fylde."
(Ef 4, 13)

Du ser det klart. Skal en tjener være i stand til å føre de hellige fram til modenhet, må en tjener være der selv. Her er et kjempeproblem, det er lite åndelighet å se blant de som mener med seg selv å ha en tjener-rolle.

Kamp i åndens verden

Vi må aldri glemme at det arbeidet vi er satt til å gjøre, er først og fremst et åndelig arbeid i den Hellige Ånd. Derfor må alt på plass slik Herren vil ha det, hvis ikke fungerer det ikke.

Vårt legeme søker sitt eget. Det kommer fra jordens muld (adama, hebraisk).
Vårt åndelige gjenfødte liv, er av Ånden, og søker derfor det Guds åndelige. Legger vi ikke ned kjøttet (adama), så får vi ikke det Herren har gitt oss i vår ånd, og blir frigjort til tjenesteoppgaver fra Gud.
Satan vil ikke at ditt kjøtt skal legges ned, han vil arbeide gjennom kjøttets sanser for å styre, kontrollere og ødelegge deg.

Daglig gjennombrudd

Når du står stødig dit du har kommet med Herren

Da er du i gang med oppgavene. Jeg begynte å be for syke med en gang etter frelsen. Jeg forsto ikke mye, men så noen sannheter - og gikk kraftig ut med dem. Vi må følge på der vi kjenner Herren trekker oss. Jeg forsto ikke at det var Herren som ville noe med meg. Jeg gjorde det jeg syntes passet meg. Men etter hvert forsto jeg mer og mer. På samme måte vil det være med deg.

Kjære Far

Jeg takker Deg for at vi ikke behøver forsøke å komme inn i oppgaver selv. Du tar oss ut til oppgaver og setter oss inn. Takk at Du gir oss dem tydelig og klart, som tanker som får fred, inspirasjon og glede. Da vet vi at vi kan gå ut i det, selv om situasjonen ser vanskelig ut - men det er skolen vi må gå i modning. Og jeg vil være lydig. Amen.

Daglig gjennombrudd

.

Daglig gjennombrudd

21 April

Proklamasjonen av evangeliet

Når vi proklamerer evangeliet sterkt under Åndens kraft, går demonene og Satan sterkt på. Skal vi leve seirende og få Jesus tilbake, må vi gjøre jobb nummer 1. Vår eneste oppgave: Markus 16, 15, Matteus 24, 14 og Matteus 28, 18-20. Dette er oppdraget, dette er jobben.

Proklamer det fullbrakte verket

"Da nå Jesus hadde fått eddiken sa Han: Det er fullbrakt. Og Han bøyde Sitt hode og oppga ånden." (Joh 19,28-30)

"Han avvæpnet maktene og myndighetene og stilte dem åpenlyst til skue, idet Han viste Seg som seierherre over dem på korset." (Koll 2, 14-15)

«For vi har ikke kamp mot blod og kjøtt, men mot makter, myndigheter, mot verdens herrer i dette mørke, mot ondskapens åndehær i himmelrommet».
(Ef 6, 12)

Daglig gjennombrudd

"Dertil er Guds Sønn åpenbart, at Han skal gjøre ende på djevelens gjerninger." (1 Joh 3, 8)

"Dersom vi vandrer i lyset, som Han er i lyset, da har vi samfunn med hverandre, og Jesus, Hans Sønns blod, renser oss fra all synd." (1 Joh 1, 7)

Forstår du virkelig hva dette er? Den seieren Kristus vant på jorden, Han som er Gud. Forstår du det? Søk Gud til du gjør det. Det er seier i Jesu navn og vi proklamerer det, med en tro med åpenbaringens overbevisning.

Kjære Jesus
Takk for den seieren Du vant for oss på Golgata. Og takk for at Du vil vise meg virkeligheten i det verket Du gjorde, så jeg kan stå sterkt i proklamasjonen av det Du gjorde for menneskeheten på Golgata. Amen.

Daglig gjennombrudd

Daglig gjennombrudd

Daglig gjennombrudd

81

22 April

Naken og våpenløs

På barrikaden, naken og våpenløs - med en
stor sansekunnskap av teoretiske løsninger.
Den svarte siden av åndeverden, kjenner
alle de veiene vi må gå for til slutt å bli
stående i "Herrens kraft" med våre liv.
Satan gjør alt han kan til enhver tid, i å
forhindre deg på et hvert punkt når du går
på lydighetens vei med Jesus.
Vi må ikke la Satan kjenne veiene bedre
enn oss. Dette er krig.
Alle Satans angrep skjer med ord til våre
tanker.

Studer Efeserbrevet 6, 1-24.
Tro i din ånd, kan ikke utøves - hvis ikke
den er grunnfestet i deg.
Du må avkles for å ikles.

Kjære Far
Jeg forsto ikke at det å være en disippel av
Jesus, og utføre Hans befaling - er så
krevende som det er. Kjære Far, takk at Du
er med meg når jeg går hele veien med Deg
i troens lydighet. Slik at jeg kan være slik
Du vil jeg skal være. Amen.

Daglig gjennombrudd

Daglig gjennombrudd

23 April

Utfordring og press

Avkles gjør vi ikke uten utfordring og press. Treningen i den "sterke tjenesten", går hånd i hånd med helliggjørelsen. Ef 6, 1-24 og Gal 5, 16-22 (studer dette og adlyd det).

"Paulus sa: Be også for meg, at det må gis meg ord når jeg opplater min munn, så jeg med frimodighet kan kunngjøre evangeliets hemmelighet. For hvis skyld jeg er sendebud i lenker, at jeg må tale med frimodighet derom, slik som jeg bør tale.

Men for at dere skal kjenne min tilstand, hvordan jeg har det, skal Tykikus fortelle dere alt, han den elskede bror og tro tjener i Herren, som jeg sender til dere, så dere skal få vite hvordan det er med oss, og at han skal trøste deres hjerter.

Fred være med dere brødre, og kjærlighet med tro, fra Gud Fader og den Herre Jesus Kristus!

Nåden være med alle dem som elsker vår Herre Jesus Kristus i uforgjengelighet."
(Ef 6, 19-23)

Daglig gjennombrudd

Satans nederlag er evig, Jesu seier er evig, Jesu seier er din for evig.
(Åp 20, 10)

Takk Far,
for den evige seieren Jesus vant. Det betyr at jeg kan gå med stor frimodighet i proklamasjonens seierstog. Det er seier i Jesu navn. Amen.

24 April

Gir du opp

Det er ikke noe annet alternativ, enn å gå på
for Jesus.
Satan og demonene har ennå ikke fått den
evige dom.
Vi må på barrikadene med "Åndens kraft".

De sto bare og måpte (Tyrkia)

Jeg hadde vært i Ankara og hatt hemmelige
husmøter, mennesker ble frelst, helbredet og
satt fri. Det var ivrige tyrkere i 30 års
alderen, som ville satse alt i et land hvor
kristne ble drept når de ble oppdaget.
Jeg dro videre for å ha møter i Istanbul, og
hadde hemmelige møter der også. Her kom
muslimer om kvelden, i burka - og ble frelst
og satt fri fra demoner. Jeg hadde også
møter i et lokale oppå taket på den store
"basaren" i Istanbul. Da mennesker hørte
jeg skulle ha møter og be for syke der,
strømmet de til. Jeg talte, og etter talen ba
jeg for syke og dem som var plaget av
demoner. Det ble en mektig utgytelse av
den Hellige Ånds kraft. Jeg så at alle kristne
som var tilstede, ble redde, de sto bare og
måpte. Jeg spurte dem: «Er det ikke dette
dere har bedt om?» Da svarte de med å si

Daglig gjennombrudd

«ja» og nikke på hodene. Jeg forsto frykten, men vi er i krig.

Vi må på barrikadene med Åndens autoritet i vår tid.

Det er ingen annen utvei.

"Strid troens gode strid, grip det evige liv, som du ble kalt til." (Ef 6, 12)

"Ta derfor Guds fulle rustning på." (Ef 6, 13)

Vi er i krig, selv om seieren er vunnet fullkomment av Kristus. Den endelige dom over Satan og demonene kommer ikke før etter tusenårsriket. (Åp 20, 10)

Da skal enhver tåre tørkes bort

"Og Han skal tørke bort hver en tåre av deres øyne, og døden skal ikke være mer, og ikke sorg og ikke skrik og ikke pine skal være mer; for de første ting er veket bort." (Åp 21, 4)
Det er seier!

Daglig gjennombrudd

Kjære Far
Det er med smerte jeg gleder meg over Din seier. Jeg forstår vi må gi alt for Deg, Jesus. Takk Jesus at du er med hele veien, når vi går med Deg hele veien. Amen.

Daglig gjennombrudd

Daglig gjennombrudd

25 April

På kjærlighetens vinger

Markus 16, 14-19: Det var en gruppe menn som gjemte seg bort, det var Jesu disipler. Matteus 28, 18-20: De fikk arbeidsinstruksen, befalingen og verktøyet. Markus 24, 11-14: De fikk vite hva som ville møte dem.

Ville du klare å stå?

Mange falske profeter skal oppstå og føre mange vill (2 Peter 2, 1-2).

Og fordi urettferdigheten tar overhånd, skal kjærligheten bli kald hos de fleste. Men den som holder ut til enden, skal bli frelst. (Matt 24, 12)

Når formlene ikke fungerer, driver de oss bort fra Gud.

Du må høre fra Gud og komme i posisjon

Troens proklamasjon av Guds Ords løfter, må bli båret fram på visdommens og kjærlighetens vinger. Du skal høre Ordene Gud legger i din tanke, personlige åpenbaringer til deg.

Daglig gjennombrudd

Guds Ords åpenbaring til deg "direkte ned i din tanke", eller som erfaring når du står på barrikaden.

"Det er Ånden som gjør levende, kjøttet hjelper ingenting. De Ord som jeg har talt til dere, er Ånd og er liv." (Joh 6, 63)

Opp på troens tinde
Gud vil løfte deg høyt opp, i en tro du ikke trodde var mulig - når Han levendegjør Sitt Ord for deg ved åpenbaring.

Takk Far i himmelen,
for at dette overveldende i storhet, er gjort for at jeg skal kunne få leve i det. Dette frelsens verk som går over all forstand. Men på grunn av Deg kan jeg leve i det med stor frimodighet. Takk Jesus, at Du er med hele veien. Amen.

Daglig gjennombrudd

Daglig gjennombrudd

26 April
Satt på misjonsdiett

Den beste medisinen for et sykt, kristent fellesskap, er å sette de på en misjonsdiett. Har vi ikke nok i vår tro, til å drive oss ut til verdens ender med evangeliet, er vi døende her hjemme. David Livingstone sa: «Gud hadde bare en Sønn, Han gjorde Ham til misjonær».

Vi, Kristi legeme på jord, vår viktigste oppgave er å nå verden med evangeliet om Jesu verk på Golgata kors.

Først må...
Jesus sa da Han talte om Sin gjenkomst:

«Og først må evangeliet forkynnes for alle folkeslag». (Mark 13, 10)

Det er mange som er ute etter deg

"For falske messiaser og falske profeter skal oppstå og gjøre tegn og under, for å føre de utvalgte vill, om det var mulig." (Mark 13, 22)

Daglig gjennombrudd

La den Hellige Ånd lede deg, søk til Herrens hjerte og lytt til Ham
Herren taler til deg kun på linje med Sitt Ord. Da er du trygg. Din sterkeste trygghet er å gjøre Hans befaling på linje med Hans Ords befalinger.

Kom deg på misjonsdietten.

Kjære Far,
takk for at Du er med oss hele veien, og beskytter oss igjennom tryggheten i Ditt Ord, så ingen falskhet kan føre oss på avveie. Amen.

27 April

Jesus i Getsemane   I

Skjærtorsdag
*"Jesus begynte å bedrøves og engstes.
Min sjel er bedrøvet inntil døden."* (Matt
26, 37-38)

*Sterkere ord kunne ikke bli brukt, likevel er
det bare begynnelsen på Jesu kamp.
"Jesus gikk et lite stykke fram."* (Matt 26,
39)

Jesus forlot Sine venner, Han går alene bort
for å kjempe.
Lukas sier: «Han falt på kne».
Markus sier: «Han falt ned på jorden».
Matteus sier: «Han falt på Sitt ansikt».
Dette er ingen opphøyet majestet i
behersket, indre kamp.
Følger vi Jesus videre i kampen, ser vi
hvordan den øker i styrke.

*"Og Han kom i dødsangst og ba enda
heftigere, og Hans svette ble til
blodsdråper, som falt ned på jorden."*
(Luk 22, 44)

Daglig gjennombrudd

Det står ikke:
"Angst", men "dødsangst".
Det står ikke: Han "ba", men Han "ba enda heftigere".
Det står ikke: "Han svettet", det står Han "svettet blodsdråper".

Kjære Far,
Takk for at jeg kan få følge Jesus på lidelsens vei, slik at jeg bedre kan forstå hva Han gjorde for oss alle. Slik at jeg igjen kan proklamere de evige sannheter med troens styrke. Amen.

Daglig gjennombrudd

28 April

Jesus i Getsemane   II

I yppersteprestens gård måtte de tenne ild for å varme seg. Men til tross for kulden, svettet Frelseren.

Om det er mulig

"Min Far, er det mulig, da la denne kalk gå Meg forbi. Dog ikke som Jeg vil, men som Du vil." *(Matt 26, 38-39)*

Ser vi bønnens ramme, kan vi da skjønne bønnen. Vi ser også et Ord, hvor Getsemanes slagskygge faller mørkt over Jesu sjel.

Det er palmesøndag dette Ord blir talt

"Nå er Min sjel forferdet, og hva skal Jeg si? Far, frels Meg fra denne time? Dog nei! Derfor er Jeg kommet til denne time." *(Joh 12, 27)*

Hadde Jesus bedt denne bønnen, hadde Gud oppfylt bønnen. Da hadde jordens befolkning vært uten frelsens mulighet. Da hadde alle på jorden vært evig fortapt. Over Jesu liv ville det stått skrevet "Forgjeves". Getsemane er ikke et øyeblikks

Daglig gjennombrudd

sammenbrudd for Jesus. Det er toppen av en sjelekamp, som lenge hadde fylt Hans hjerte. Lenge før Getsemane kunne denne dødsangsten gripe Ham.

"En dåp har Jeg å døpes med, og hvor Jeg gruer til den er fullført." (Luk 12, 50)

Kjære Far,
jeg ser at denne lidelsen Jesus var inne i, var Han alene om - og alene med i hele verden. Og Han gjorde det frivillig for meg og alle andre i verden. Amen

29 April

Langfredag natten

Dødsangsten veltet inn på ny her på langfredag natten. Da kommer bønnen Han ikke tidligere våget å be: «La denne kalk gå Meg forbi».
Vi har enda en beskrivelse, rystende, om Getsemanes kamp i Bibelen.

"Og Han har i Sitt kjøtts dager, med sterkt skrik og tårer, frembåret bønner og nødrop til Han som kunne frelse Ham fra døden, og Han ble bønnhørt for Sin gudsfrykt."
(Heb 5, 7)

Sterke skrik og tårer.
Bønner og nødrop.
Om frelse fra døden.
Men så føyer Han til:
«Han ble bønnhørt for Sin gudsfrykt».
Jesus ba (Heb 5, 7): «Frels Meg fra døden!»
Men Han døde.
Han ba: «La denne kalk gå Meg forbi!»
Men Han drakk kalken.
Han ville be: «Frels Meg fra denne time!»
Men timen kom, lang og grusom.
Likevel står det: «Han ble bønnhørt». Takk at svaret kom som det kom!
For Jesu egen del.

Daglig gjennombrudd

For verdens frelse.
Ikke en dråpe av kalken var igjen. **Gud ga Ham kraft til å tømme begeret. Guds skjulte nåde rakk inntil siste minutt.** Han ble løst fra lidelsen, Han ble frelst fra døden.

"Deretter, da Jesus visste at nå var alt fullbrakt for at Skriften skulle oppfylles, sier Han: Jeg tørster. Det sto et kar fullt av eddik; de satte da en svamp full av eddik på en isop-stilk og holdt den opp til Hans munn. Da nå Jesus hadde fått eddiken, sa Han: Det er fullbrakt. Og Han bøyde Sitt hode og oppga Sin ånd. (Joh 19, 28-30)

Kjære Far,
Jeg kan begynne å skimte den prisen Jesus betalte med Sitt eget liv for menneskehetens frelse. Jeg takker Ham i all evighet, for at Han ville ta de lidelsene på Seg - for oss. Dette er virkelig gode nyheter som verden må få høre. Amen.

30 April

Seieren i Getsemane   I

"Jesus sa: For om Du vil, da la denne kalk gå Meg forbi, **men skje ikke Min vilje, men Din.** *" (Luk 2, 27)*

I disse ord ligger selve seieren:
"Skje ikke Min vilje, men Din."
Hele **menneskeslektens frelse ligger i tilføyelsen** i dette verset. Kan du se det? Jesus gjorde grundige forberedelser for verket på Golgata, her var ingenting tilfeldig. Uten denne bønnen - ville korset kun vært et henrettelses instrument, på en navnløs glemt haug utenfor Jerusalem. Jesus ville ha dødd uten mening for menneskeslekten. Han ville ikke ha vært en "løsepenge" for en fattig, fanget, syndig menneskeslekt.

Uten Getsemane, ville ikke Golgata vært soningstedet. Uten Getsemane, ingen seier.

"Slik lærte Han, skjønt Han var Sønn, lydighet av det Han led.

Daglig gjennombrudd

Og da alt var gjort, ble Han opphavet til evig frelse, for alle som lyder Ham."
(Heb 5, 8-9)

Jesus måtte lære lydighet
For Jesus var denne dagens oppgaver og prøvelser en lekse. Hardere og hardere ble det for Jesus, jo nærmere Han kom korset. Høydepunktet i Getsemane var den siste avgjørende lydighetsprøven.

De to hager
Ulydigheten i Edens hage, kunne bare sones ved
lydighet i Getsemane hage. Det var den siste lydighetstesten før avslutningsseieren på Golgata kors.

Seieren i Getsemane   II
Jesus var i Sin ferd inntil **langfredag natt,** regnet som et menneske - men fullkommen i Sin lydighet.

"Og da Han i Sin ferd var funnet som et menneske, fornedret Han Seg selv, så Han ble lydig inntil døden, ja, korsets død."
(Fil 2, 8)

I Getsemane (Matt 26, 39-46)
1 gang: «Skje Faderens vilje», er bare en tilføyelse.

Daglig gjennombrudd

2 gang: Tilføyelsen blir hovedsak.
3 gang: Kommer Han tilbake fra bønnen,
og da er seieren vunnet!

Jesu egne ønsker var borte.
Faderens vilje og menneskehetens frelse var
alt. Offeret er brakt.
Utføres siden på Golgata.
Fullendt lydighet.

Hvilken lydighetens vandring
Hvilken lydighetens vei til Golgata kors.
Jesus visste nøyaktig prisen Han måtte
betale. Jesus visste nøyaktig hva Han ga Sitt
liv for. Han var prøvd i alt, i likhet med oss.
«For vi har ikke en yppersteprest som ikke
kan ha medynk med våre skrøpeligheter,
men en slik som er blitt prøvd i alt i likhet
med oss - men dog uten synd». (Heb 4, 15)

Takk kjære Jesus
Denne lidelsens vei trodde jeg ikke var
mulig å utføre. Men det var den heller ikke -
uten Din guddommelige kjærlighet til Din
skapning, mennesket. Takk at Du ikke ga
opp. Amen.

Daglig gjennombrudd

Daglig gjennombrudd

105

Innhold

Daglig gjennombrudd

I Mitt navn – kast ut demoner I

I Mitt navn – kast ut demoner II

I Mitt navn – kast ut demoner III

I Mitt navn – kast ut demoner IV
I Mitt navn – kast ut demoner V
Det er helbredelse i navnet Jesus
Helbredelse i Jesu forsoningsverk på
Golgata
Helbredelse fra sykdom i Jesu navn

1 Mai

Mannen på korset
La Ham korsfeste, slipp Barabbas fri

*"Da ga Pilatus dem Barabbas fri; men
Jesus lot han hudstryke og overga Ham til å
korsfestes."* (Matt 27, 26)

*"For den lønn som synden gir er døden.
Mens Guds nådegave er evig liv i Kristus
Jesus, vår Herre."* (Rom 6, 23)

*"Da tok landshøvdingens stridsmenn Jesus
med seg inn i borgen og samlet hele vakten
omkring Ham. Og de kledde av Ham og
hengte en skarlagensfarget kappe om Ham,
og de flettet en krone av torner og satte på
Hans hode, og ga Ham et rør i Hans høyre
hånd, og de falt på kne for Ham og hånte
Ham og sa: Vær hilset, Du jødenes konge!
Og de spyttet på Ham og tok røret og slo
Ham i hodet.
Og da de hadde hånet Ham, tok de kappen
av Ham og kledde Ham i Hans egne klær,
og førte Ham bort for å korsfeste Ham.
Men mens de var på veien, traff de på en
mann fra Kyrene ved navn Simon; han*

Daglig gjennombrudd

tvang de til å bære Hans kors.”
(Matt 27, 27-32)
”Skyldbrevet mot oss utslettet Han, da Han
naglet det til korset.” (Koll 2, 14)

”Og en engel fra himmelen åpenbarte seg
for Ham og styrket Ham.”
(Luk 23, 39-43)

Det er fullbrakt

”Jesus ropte igjen med høy røst, og oppga
ånden. Og se, forhenget i tempelet revnet i
to stykker, fra øverst til nederst, og jorden
skalv, og klippene revnet.
Og gravene åpnedes, og mange av de
hensovede helliges legemer sto opp,
og de gikk ut av gravene etter Hans
oppstandelse.” (Matt 27, 45-53)

Kjære himmelske Fader
Hvilken seier på Golgata kors, hvilken
avslutning. Hvilken lang marsj gjennom
livet for Jesus, som er Gud, frem til denne
avslutningen. Jeg forstår at vår frelses pris
var hele Jesu jordiske vandring, med
avslutning på Golgata kors og påfølgende
oppstandelse ifra de døde. En mer
gjennomført seier finnes ikke i kosmos!
Dette er seieren. Amen.

Daglig gjennombrudd

2 Mai

Jesu oppstandelse

"Men da Kristus kom som yppersteprest for de kommende goder, gikk Han gjennom det større og mer fullkomne telt, som ikke er gjort med hender, det er: Som ikke er av denne skapning." (Heb 9, 11)

Jesus gjorde alt perfekt etter Guds vilje, Jesus gjorde Seg klar for oppstandelsen. I oppstandelsens øyeblikk fikk Satan oppleve den store Kristi seier - og sitt eget tap for all evighet. Menneskeheten var blitt frelst! "Dertil er Guds Sønn åpenbart, at Han skal gjøre ende på djevelens gjerninger." (1 Joh 3, 8)

Og det gjorde Jesus fullkomment. Alt Han måtte gjøre for seierens gjennomslag, fulgte Han med på at ble oppfylt. (Joh 19, 28)

Evighetens evighets kjærlighetsseier
"Jeg har nøkkelen til døden og dødsriket." (Åp 1, 18)

Han er oppstanden

"og da de gikk inn i graven, fant de ikke den Herre Jesu legeme.

Og det skjedde mens de sto rådville ved dette, se, da sto to menn hos dem i skinnende klær:

Hvorfor søker dere den levende blant de døde?

Han er ikke her, Han er oppstanden!"
(Luk 24, 1-12)

Takk kjære Far,

for at Du var villig til å komme til jorden i Din Sønns skikkelse, og betale den høye prisen Du gjorde for vår frelse. Ved å forstå denne seieren og hva den kostet Deg, vil vi enn mer forstå at vi som er født på ny, må stå på i lydighet mot Deg og få Din befaling gjennomført - så Du kan komme igjen. Amen.

Daglig gjennombrudd

3 Mai

Gjenfødelsens faktum er her   I
Du er ment for dette: Formet og
innblåst til ånd, sjel og legeme
Her er vi

"Alt har Han gjort skjønt i Sin tid; også
evigheten (verden/kosmos, hebraisk) er
nedlagt i alle menneskers hjerte, men slik at
mennesket ikke til det fulle kan forstå det
verk Gud har gjort fra begynnelsen til
enden." (Fork 3, 11)

Ditt Gudgitte utgangspunkt for å bli født
på ny.

Hit kan vi komme
Omvendelse fra kjøttet, sansenes gjerninger.
(Gal 5, 16-24   Ef 1,12.16)
Veien er lagt klar for den nye fødsel.
(Joh 1,12   Rom 10, 9   Ef 2, 8)

"I Kristus har også dere, da dere hadde
hørt sannhetens Ord, evangeliet om deres
frelse. I Ham har dere også, da dere var
kommet til troen*, fått til innsegl den Hellige*
Ånd, som var oss lovet,

Daglig gjennombrudd

Han som er pantet på vår arv til eiendomsfolkets forløsning, Hans herlighet til pris." (Ef 1, 13-14)

Dåpen i den Hellige Ånd
"Jesus sa: Dere skal få kraft i det den Hellige Ånd kommer over dere og dere skal være Mine vitner (bevisprodusenter av det overnaturlige, gresk)."
Les disse vers under bønn, sakte, gang etter gang, inntil du ser det igjennom åpenbaringens virkelighet. (Dypere forståelse av dette finner du i andre av mine bøker).

Takk kjære Fader,
at Du åpner mitt indre menneske og min forstand i min sjel, på en slik måte at jeg klart vil se og vite hva jeg er i Deg, slik at jeg igjen kan gi den forståelse til andre. Amen.

4 Mai

Gjenfødelsens faktum er her   II
Ta din rett i ånden

"Han som ble åpenbart i kjøtt, Jesus, rettferdiggjort i ånd (Han tok Sin rett i ånden, gresk)." *(1 Tim3, 16)*

Jesus tok Sin rett i ånden
Da Jesus ga Sitt liv på Golgata kors, tok Han Sin rett i ånden. Han hadde vunnet den evige seier, den var Hans. Nå har Han gjort den evige seieren tilgjengelig for alle som er gjenfødt, ja født på ny. Men de må alle ta den retten Kristus har vunnet for dem.

Du må ta din rett i ånden
Du må ta imot Jesu seier i tro i ditt liv, som Jesus vant seieren i tro for menneskeheten De må ta den **i tro,** som Jesus vant den i tro. Jesus hadde ikke seieren før Han hadde den. Du har ikke Hans seier før du har den heller. Dette må du **ta i tro.**

"Av barns og diebarns munn har Du grunnfestet en makt for Dine motstanderes skyld, for å stoppe munnen på fienden og den hevngjerrige." *(Salme 8, 3)*

Daglig gjennombrudd

Innta ditt territorium i ånden
Innta det området i åndens verden (kosmos),
i den hellige Ånd, som Gud har bestemt for
deg.

Kamp i ånden
Kamp i ånden har det vært fra dag en. Nå er
det din tur til å seire i kampen, hver gang -
helt til Jesus kommer igjen. Vi må kjempe
kampene, men den evige seieren er allerede
vunnet - og den evige dom kommer etter
tusenårsriket.
(Åp 20, 7.10   21, 3.4)

Takk kjære Far,
at den evige seier er vår som gjenfødte
kristne, i Jesu navn. Vi kjemper kampene
fram mot den evige seieren, som allerede er
vunnet. Takk at Du er med hver en dag, da
vi stoler på Ditt Ord og Din evige seier.
Amen.

5 Mai

Blodet som gir navnet Jesus autoritet   I

Jesu blod er fullstendig ubeslektet med
Adams blod. Mange tror Maria sørget for eggcellen, og
den Hellige Ånd for sperma Y-cellen,
sædcellen. Hvis dette hadde vært
virkeligheten, ville Jesus blitt unnfanget
med blanding av menneske og Gud i Sin
skapning.

La oss høre hva Bibelen sier:

*"Offer og gaver ville Du ikke ha, men et
legeme laget Du for Meg."* (Heb 10, 5)

**Jesus, som også er Ordet, Bibelens Ord,
kom ned fra himmelen**

*Gud dannet et legeme for Jesus i det
himmelske, av samme materiale, som Han
dannet den første Adams legeme i Edens
hage. I Jesu legeme og årer la Gud Jehova
Sitt eget hellige blod. I Jesu blod plasserte
Gud Jehova Jesu ånd og sjel. Så ble Jesus
plassert i Marias livmor, det skjedde da hun
ble overskygget av den Hellige Ånd. Der lå*

Daglig gjennombrudd

Jesus-barnet og utviklet Seg fram til dagen for fødselen.

"Ordet ble kjøtt og tok bolig iblant oss, og vi så Hans herlighet - en herlighet som den enbårne Sønn har fra Sin Far, full av nåde og sannhet." (Joh 1, 14)

Det skapende livet kom til jorden

Det var ikke så rart Jesus sa:
"Jeg er livet." (Joh 14, 6)

Jesus kom til jorden med Guds blod i Sine årer.

"Det første mennesket, Adam, ble til en levende sjel, den siste Adam er blitt til en levendegjørende ånd." (1 Kor 15, 45)

Kjære himmelske Far,
takk for at Du tar meg videre inn i de himmelske åpenbaringer av virkeligheten i alt Jesus er og hva Han gjorde. Takk for at jeg kan forstå det, så min tro økes på de områdene jeg begynner å forstå. Amen.

Daglig gjennombrudd

6 Mai

Blodet som gir navnet Jesus autoritet II

Jesus bar Guds blod i Sine årer, gjennom hele Sitt liv, uten å la det bli besmittet av synden. Jesu blod måtte være uten syndens merke, så det kunne være det forsonende blodet mellom Gud og mennesket. Slik at fellesskapet mellom Gud og mennesket igjen kunne bli en virkelighet.

Jesu blodtype var ulik alle andre blodtyper

Adams blod bar arvesynden i seg, så Adams blod var urent blod. Jesu blod var uberørt av synden, Jesu blod var hellig og rent. Peter kaller Jesu blod: "Kristi dyre blod." (1 Pet 1, 19)

Det er umulig å verdsette Jesu blod. Dødt blod tiltrekker seg fluer. Beelsebul betyr «fluenes herre», eller «de fordervede fluers fyrste (fra hebraisk)». Jesu blod har motsatt virkning. Jesu blod er hellig, rent og evig levende. Jesu blod driver Beelsebul og alle hans allierte tilbake.

Daglig gjennombrudd

Jesus Guds Sønns blod, renser oss fra all synd

"Jesus, Guds Sønns blod, renser oss fra all synd." (1 Joh 1, 7)

"Uten blod blir utgytt, skjer ikke forlatelse." (Heb 9, 22)

Det eneste offeret som var verdig til å fjerne menneskehetens synd, var Jesu dyre blod, Guds eget blod i Jesu årer. Det er det eneste sonoffer som er verdig til å fjerne synden fra mennesket. Og det gjorde det i Kristus Jesus.

Takk kjære Fader,

for at Du var villig til å gi Ditt eget blod, som en løsepenge for menneskehetens arvesynd, i Din Sønn Jesus Kristus. Takk for at jeg kan leve gjenfødt på grunn av forsoningsverkets hellige blod. Amen.

Daglig gjennombrudd

7 Mai

Blodet som gir navnet Jesus autoritet   III

Ånden, vannet og blodet

"Og de er tre vitner, Ånden, vannet og blodet - og disse samstemmer (eng. oversettelse)." *(1 Joh 5, 8)*

Vannet er ofte bilde på Guds Ord

"Idet Han renset den, menigheten, ved vannbadet i Ordet." *(Ef 5, 26)*

Guds Ord har ingen virkning uten blodet, for Guds Ords liv er i blodet

Vi kan ikke ta det ene uten det andre. Den Hellige Ånd er i fullkommen overensstemmelse med blodet og vannet, Ordet. Det vil igjen si: Jesus Kristus.

Offerblodet ble sprengt på bokrullen i GT på soningsdagen

Hvorfor? Fordi bokrullen, var bare full av livløse Ord for den som leser den - uten blodet.

Daglig gjennombrudd

Vi trenger Ordet som er Jesus, navnet Jesus og livets blod
Det er fordi Jesus ofret Sitt blod til Sin Far, at navnet Jesus mottok Guds kraft og autoritet. (Matt 28, 18)

"Og da Han i Sin ferd var funnet som et menneske, fornedret Han Seg selv, så Han ble lydig inntil døden, ja, korsets død."
(Fil 2, 8)

"På den dag skal det være en åpnet kilde for Davids hus og for Jerusalems innbyggere, mot synd og urenhet." *(Sak 13, 1)*
Denne kilden flyter alltid foran Satan og demonene, når vi opphøyer Jesu blod.

"Og de har seiret over ham, Satan og demonene, i kraft av Lammets blod og de Ord de vitnet." *(Åp 12, 11)*

Takk Jesus,
at Du var villig og at Du gjorde det. Åpnet - gjennom Ditt eget blod som sonoffer, en ny og levende vei for menneskeheten tilbake til Gud, vår Far og Skaper. Amen.

8 Mai

Navnet Jesus er nøkkelen til Guds autoritet

"Frykt ikke, Jeg er den første og den siste og den levende, og Jeg var død, og se, Jeg er levende i all evighet. Og Jeg har nøklene til døden og dødsriket." *(Åp 1, 18)*

Den som har nøklene er autorisert, så det Jesus sier er: Jeg har autoriteten

Rett før Jesus vendte tilbake til himmelen etter oppstandelsen, sa Han: "Meg er gitt all makt i himmel og på jord..."
(Matt 28, 18)

All makt ligger i navnet Jesus, en fullkommen seier over Satan og demonene.

"Jesus sa: Og disse tegn skal følge dem som tror: I Mitt navn skal de drive ut onde ånder, de skal tale med tunger, og de skal ta slanger i hendene, og om de drikker noe giftig, skal det ikke skade dem, på syke skal de legge sine hender, og de skal bli helbredet." (Mark 16, 17-18)

Autoriteten følger navnet Jesus
Mange sier autoriteten forsvant med den
første menighet. Nei, nei! Autoriteten er
her. Autoriteten har aldri fulgt menigheten,
men navnet Jesus!

**Hvis autoritet hadde fulgt den første
menighet, hadde ingen vært født på ny.**

*"Og det er ikke frelse i noen annen, for det
er heller ikke noe annet **navn** under
himmelen, gitt blant mennesker, ved hvilket
vi skal bli frelst." (Apg 4, 12)*

Takk Jesus,
for at Du vandret livet igjennom på jorden,
holdt ut og vant den evige seieren med Ditt
blod. Blodet var like uberørt av synd som da
det kom til jorden, da Du igjen ble opptatt
til himmelen. Takk for denne
evighetsgarantien for min frelse som Du
vant. Amen.

9 Mai

Autoriteten i navnet Jesus er gyldig i dag

*"Jesus sa: Og se, Jeg er med dere alle
dager inntil tidsalderens ende."
(Matt 28, 20)*

**Kosmos høyeste navn, høyere enn all autoritet –
navnet Jesus
Høvedsmannen forsto autoriteten bak navnet**

*"Men da Han gikk inn i Kapernaum, kom
en høvedsmann til Ham og ba Ham og sa:
Herre, min dreng ligger verkbrudden
hjemme og pines forferdelig.
Jesus sa til ham: Jeg vil komme og helbrede
ham.*

Si bare et Ord

*Men høvedsmannen svarte og sa: Herre!
Jeg er for ringe til at Du skal gå inn under
mitt tak; men si bare et Ord, så blir min
dreng helbredet!
For jeg er også en mann som står under
overordnede, men har stridsmenn under
meg igjen; og sier jeg til den ene: Gå! Så
går han, og til en annen: Kom! Så kommer
han, og til min tjener: Gjør dette! Så gjør
han det." (Matt 8, 5-9)*

Daglig gjennombrudd

Høvedsmannen forsto autoritet og skjønte at Jesu Ord hadde det med tyngde. Autoriteten i den fullkomne seieren Jesus vant på Golgata, har Han stilt tilgjengelig for deg i dag i Sitt navn, i navnet Jesus.

Takk Jesus,

for den fullkomne seieren Du vant på Golgata. Og gjennom det hele bevarte Du Ditt eget blod, lyteløst fra begynnelsen av, på tross av alle prøvelser og lidelser Du måtte igjennom - og inn i evigheten igjen, uten å være i berøring med synd. Amen.

Daglig gjennombrudd

10 Mai

Hedningenes håp i navnet Jesus

*"Og dette er Hans bud, at vi skal tro på
Hans Sønn Jesu Kristi navn og elske
hverandre, slik som Han bød oss."*
(1 Joh 3, 23)

Vi har ikke blitt bedt om bare å tro på den
Herre Jesus Kristus - men vi blir bedt om å
**tro på Hans navn - navnet Jesus og alt
som det navnet representerer.**
Til Sine disipler sa Jesus

*"Jesus sa til Sine disipler: Dere skal hates
av all for Mitt navns skyld."* *(Matt 10, 22)*

Hedningenes håp

*"Og til Hans navn skal hedningene sette
sitt håp."* *(Matt 12, 21)*

Peter trodde på Jesu navn

*«Ved troen på Hans navn, Jesu navn, har
Hans navn styrket den mann...»*
(Apg 3, 15-16)
Paulus og navnet

Daglig gjennombrudd

"Jesus sa: Han er et utvalgt redskap, til å bære Mitt navn frem for både hedninger og konger og for Israels barn.
For Jeg vil vise ham hvor mye han skal lide for Mitt navns skyld."
(Apg 9, 14-15)

Navnet over alle navn

"... Og Han la alt under Hans føtter og ga Ham som hode over alle ting til menigheten (navnet Jesus)." (Ef 1, 19-22)
Som de hadde navnet over alle navn, har vi også navnet over alle navn.

"For Jesus er i dag, i går den samme, ja til evig tid." (Heb 13, 8)

Takk Herre Jesus,
for denne seieren som er i Ditt navn, navnet Jesus. Det er uslåelig i enhver sammenheng. Takk at jeg kan hvile i tro og trygghet hvert et sekund, hver en dag. For jeg vet det er mer enn seier i Ditt navn, navnet Jesus. Amen.

Daglig gjennombrudd

11 Mai

Hvem har autoriteten i navnet Jesus i dag?

"For kom døden til å herske ved den ene på grunn av den enes død, så skal meget mer de som får nådens og rettferdighetsgavens overvettes rikdom, leve og herske ved den ene, Jesus Kristus." (Rom 5, 17)

Jeg leser dette verset litt annerledes for deg:
For kom døden (hvilket hat, løgn, fattigdom, sykdom, og uten fellesskap med Gud) til å herske ved den ene på grunn av Adams fall, så skal **meget mer** de som får **nådens og rettferdighetgavens** overvettes rikdom, leve og herske som konger i livet, ved Kristus, i **Hans navn, i Jesu navn.**
Hvem får nådens og rettferdighetsgavens overvettes rikdom?

"For av nåde er dere frelst." (Ef 2, 8)

Det er deg!
"For dersom du med din munn bekjenner Jesus som Herre, og i ditt hjerte tror at Gud oppvakte Ham ifra de døde, da skal du bli frelst." (Rom 10, 9)

Daglig gjennombrudd

Nåden gir deg rettferdighetsgaven

"Han, Jesus, som ikke visste av synd, har Han gjort til synd for oss, for at vi i Ham skal bli rettferdiggjort for Gud." (2 Kor 5, 21)

Er du i nåden og rettferdighetsgaven, da er Guds overvettes rikdom din, i Jesu navn. Du er den som skal leve og herske som en konge i livet, ved Kristus i Hans navn. **Kosmos største autoritet er din i Jesu navn!**

Takk kjære Far

Dette går langt over min fatteevne, men det er ikke så farlig. Jeg stoler på det Du sier Far, jeg har valgt å tro Ditt Ord. Amen.

Daglig gjennombrudd

12 Mai

Dominere omstendighetene i Jesu navn

Vi skal ikke være dominert av omstendighetene, men vi skal dominere omstendighetene - i Jesu navn.

Tenk hva vår arv innehar. Det er slik en styrke av innhold, at det av Kristus i oss, dominerer verden i Jesu navn. Viktig å ha i bakhodet, at jorden er det fysiske og verden er det åndelige. Hør her:

"Så dere med glede takker Faderen, som gjorde oss skikket til å få del i de helliges arvelodd i lyset,
Han som fridde oss ut av mørkets makt og satte oss over i Sin elskede Sønns rike."
(Koll 1, 12.13)

"For likesom Kristus er - er også vi i denne verden." *(1 Joh 4, 17)*

Åpenbaring kommer til deg

Ser du det? Får du åpenbaring gjennom Skriften nå? Du er lys i verden. Vi er Jesu representanter på jorden, med kraft, den Hellige Ånds kraft i oss, i Jesu navn.
Der du kommer er lyset, der du kommer er den Hellige Ånds kraft. Veldig ofte vil

Daglig gjennombrudd

kraften og lyset stråle ut ifra deg, der du er i hverdagen, uten at du engang vet det. Vær bevisst at den Hellige Ånds kraft stråler ut av deg,

Bruk navnet Jesus i tro

Jesunavnet kan du bruke der du får tro for å bruke det. Du behøver ikke rope det, du kan hviske det, eller si det inni deg.
Du gjør det du har tro for, i Jesu navn. Tenk på det, kraften er der tilgjengelig for deg i Jesu navn, døgnet rundt, uansett hvor du måtte være i denne fysiske verden.

Kjære Far

Det er fantastisk å oppleve at troen fester seg på område etter område, og jeg vokser i det åndelige. Takk for at Din nåde hjelper meg framover gjennom prøvelser, så jeg kan komme fram til modenhet i Kristus Jesus. Amen.

13 Mai

Som Kristus var – er vi i denne verden

Hvordan var Kristus i denne verden?

Se her hvordan Kristus var i denne verden:

"Hvordan Gud salvet Jesus fra Nasaret med den Hellige Ånd og kraft, Han som gikk omkring og gjorde vel og helbredet alle som var overveldet av djevelen.." (Apg 10, 38)

"Jesus Kristus er i dag den samme, ja til evig tid." (Heb 13, 8)

Vi er her i dag og det er også Han, når vi som gjenfødte kristne utøver Hans seier i tro, i Jesu navn. Vi får ingen seier i vårt eget navn, men i Jesu navn. Vi sier ikke: For Jesu skyld, men **i Jesu navn.**

Hør her fra Jesu avskjedstale til disiplene:

*"Hittil har dere ikke bedt om noe i **Mitt navn**, be og dere skal få, for at deres glede skal bli fullkommen."* (Joh 16, 24)

Daglig gjennombrudd

Jesus ga oss Sitt navn og dets autoritet for at vi skulle bruke det

"Alt der dere ber Faderen om, skal Han gi dere i Mitt navn." (Joh 16, 23)

Vi er Kristus-personer på jorden, vi er her i Jesu sted. Den autoriteten Jesus har, har vi her i Hans navn nå. "Meg er gitt all makt (autoritet) på jord, gå derfor ut.." (Matt 28, 18-19)

Som Jesus gikk ut med autoritet - går vi ut med autoritet, i Hans navn, i Jesu navn.

Kjære Fader
Jeg takker deg for det åpenbaringens lys jeg nå får. Takk for at Du er med og støtter meg, når jeg skritter ut i Din virkelighetens verden, og bruker de åndelige redskaper som er meg gitt. Amen.

14 Mai

Dette er deg – i Jesu navn

"Dere er av Gud Mine barn, og har seiret over dem, for Han som er i dere, er større enn han som er i verden." *(1 Joh 4, 4)*

Dette er deg i Jesu navn

"Vi er mer enn overvinnere i Kristus."
(Rom 8, 37)

Dette er deg i Jesu navn

"Og de kom til Jeriko; og da Han gikk ut fra Jeriko med Sine disipler og meget folk, satt Timeus sønn, Bartimeus, en blind tigger ved veien,
Og da han hørte det var Jesus fra Nasaret, begynte han å rope: Jesus, du Davids sønn! Miskunn Deg over meg!
Jesus sa: Kall ham hit!
Og han kastet sin kappe av seg og sprang opp og kom til Jesus.
Jesus spurte: Hva vil du Jeg skal gjøre for deg? Den blinde sa til ham: Rabunni! At jeg må få mitt syn igjen.

Daglig gjennombrudd

Da sa Jesus til ham: Gå bort! Din tro har frelst deg. Og straks fikk han sitt syn igjen og fulgte Ham på veien." (Mark 10, 46-52)

Som Jesus gjorde, kan du gjøre i Hans navn

Samme type hendelser, har jeg opplevd i over 40 år over hele verden.
Der hvor Jesu-navnet blir proklamert og trodd, gjør Gud under. Dette er ikke for noen spesielle, dette kan du også gjøre i Jesu navn.

"Jesus sa: Dersom du tror - skal du se Guds herlighet." (Joh 11, 40)

Tror du løftene i Jesu navn, vil svarene komme din vei.

Kjære Far

Takk for at Du åpner Skriftene, så jeg kan se, tro, gjøre og oppleve Dine løfter gå i oppfyllelse gjennom mitt liv, til den verden som er rundt meg. Amen.

Daglig gjennombrudd

15 Mai

Hva betyr autoriteten i navnet Jesus for oss i dag?

På grunn av forsoningsverket på Golgata, er vi tilbake i posisjonen som Adam og Eva hadde før syndefallet. Dette er vår rettmessige stilling i dag, for de som er født på ny og tror på Jesu-navnet og det Jesu-navnet står for. Vår stilling er at vi har tilgang til der Guds uforgjengelige sæd gror og bringer tegn, under og mirakler. Vi har navnet Jesus til å skape "Herrens hage" der vi er.

Vi er Guds krafts hus

Når vi er fylt av Guds Ords åpenbaringer, når vi **vet** hva vi har i Kristus, vi tror det og gjør det i praksis - da bygger vi "Herrens hage" på Satans ruinhaug. Seieren er vår.

All autoritet, all kraft som var i Kristus Jesus, er i Hans navn

De første kristne visste hva de hadde og de brukte det.

Daglig gjennombrudd

"Da han så Peter og Johannes som ville gå inn i tempelet, ba han om å få en almisse.

Men Peter så skarpt på ham sammen med Johannes og sa: Se på oss!
Han ga da akt på dem, for han ventet å få noe av dem.
*Men Peter sa: Sølv og gull eier jeg ikke; men det jeg har, det gir jeg deg: I **Jesu Kristi, nasareerens navn** – stå opp og gå!*

Ved porten ut av korstogsområdet: Stå opp og gå!

Den samme opplevelsen hadde jeg etter at møtet var ferdig på kvelden. Det satt en lam muslim ved den store porten som førte ut av området. Historien om Peter kom øyeblikkelig til meg. Som Peter gjorde, gjorde også jeg. Jeg tok mannen ved hånden og reiste ham opp i Jesu navn - og mannen gikk omkring med ny styrke i beina sine. Som Peter sa i Jesu navn, og som jeg sa i Jesu navn - og som du kan si i Jesus navn - og Jesu seierskraft vil være med og gjøre underet.

Autoriteten i Jesu-navnet er din, når Jesus er Herre i ditt liv

Daglig gjennombrudd

Kjære Fader
Takk for den seieren Din Sønn vant på Golgata kors. Takk for at den er tilgjengelig for meg i tro, i Jesu navn. Jeg vil skritte ut og utøve den i Jesu navn. Amen.

Daglig gjennombrudd

16 Mai

Ny-testamentlig kristendom er:

"Dere er av Gud, og har seiret over dem,
Satan og demonene, for Han som er i dere
er større enn han som er i verden."
(1 Joh 4, 4)

"Men i alt dette vinner vi mer enn seier ved
Ham, i Hans navn som elsket oss."
(Rom 8, 37)

«For Han har sagt: Jeg vil ingenlunde slippe
deg og aldri forlate deg.
Så vi kan si med fritt mot, Herren er min
hjelper, jeg vil ikke frykte, hva kan et
menneske gjøre meg».

**De fleste har slått seg selv ut, plyndret seg
selv for Guds mulighet i dem.**
Selv noen av dem som vet hva de har i Jesu-
navnet, tror ikke det er noe særlig autoritet
og kraft i dette navnet.
Charles Spurgeon (1834-92) kom en gang
hjem til en sengeliggende kvinne. Hun
levde i fattigdom. Men på veggen hadde
hun innrammet et arvedokument som var til
henne. Men hun visste ikke hva det
inneholdt. Det gjorde henne til en rik kvinne

Daglig gjennombrudd

når de løste det ut. Slik har mange kristne levd sitt kristenliv – i fattigdom. De har alle arvepapirene i Bibelen, men de har aldri løst arven ut ved bruk av troens nøkkel. Hør her:

"For vi er Guds medarbeidere…"
(1 Kor 3, 9)

Arbeider vi sammen med Gud, er vi mirakelarbeidere. Autoriteten er i oss for å brukes, Gud er en samarbeidende Gud, en mirakuløs Gud.

"Jesus trådte fram og sa: Meg er gitt all makt i himmel og på jord, gå derfor ut…"
(Matt 28, 18)

Nettopp fordi du har blitt gitt autoriteten og kraften i Jesu navn, skal du gå ut i Jesu navn og gjøre de gjerninger Jesus gjorde - og større en de, fordi Han skulle reise tilbake til Sin Fader, men vi er her i Jesu navn. (Joh 14, 10-14)

Takk Jesus
Jeg priser Deg for den seieren det er i Ditt navn i dag. Takk at den seieren er ment å virke gjennom mitt liv. Jeg vil leve denne seieren ut i tro, i Ditt navn. Amen.

Daglig gjennombrudd

17 Mai

Vi har fått det vidunderlige navnet Jesus til å brukes

Vi har fått dette navnet å bruke. Navnet er nøkkelen, navnet er autoriteten. Du vet hva du bruker en nøkkel til? Ja, til å låse opp for større områder og rom. Jo mer du bruker nøkkelen, jo større blir ditt autoritets område i Jesu navn.

"Jesus sa: Disse tegn skal følge den som tror, i Mitt navn, i Jesu navn ..."
(Mark 16, 15)

Hvor lenge er Jesu-navnet virkekraftig for deg?

"Jesus sa: Og se, Jeg er med dere alle dager inntil tidsalderens ende."
(Matt 28, 20)

Skevas sønner og de onde ånder
Vi leser:

"Men også noen av de jødiske åndemanere som for omkring, tok seg fore å nevne den Herre Jesu navn over dem som hadde onde

Daglig gjennombrudd

ånder, og sa:" Jeg maner dere ved den Jesus som Paulus forkynner.
Men den onde ånd svarte dem: Jesus kjenner jeg, og Paulus vet jeg om; men dere, hvem er dere?
Og mannen som den onde ånd var i, sprang inn på dem og vant dem begge to og overmannet dem, så at de måtte fly nakne og sårede ut av huset.

Dette ble da vitterlig for alle som bodde i Efesus, både jøder og alle grekere, og det falt frykt over dem alle, og **den Herre Jesu navn ble prist.**

Navnet Jesus
Navnet Jesus med den autoriteten og kraften det har, er for oss som har gitt våre liv for Jesus, og latt Han bli den virkelige Herren i våre liv. Det er kun gjennom oss Guds autoritet og kraft fungerer i Jesu navn. Du så en maktdemonstrasjon fra Jesu side med Skevas sønner. Navnet Jesus blekner aldri, tæres ei av tidens tann.

Kjære Jesus
La meg alltid leve i en ærefrykt for Deg, så jeg med ydmykhet kan være en verdig bærer av Ditt navn - navnet over alle navn, navnet Jesus. Amen.

Daglig gjennombrudd

18 Mai

Du kan leve i seier i navnet Jesus
Navnet Jesus betyr og står for – alt det
du vet det står for
Lat ikke som du har noe du ikke du har,
men det du **vet** du har, det har du.
Jesu-navnet betyr alt for oss gjenfødte
kristne, det er i navnet Jesus hele vår
redning og framtid er.
Jo mer du vet hva du er i Kristus Jesus i
henhold til Bibelens Ord, jo større vil
Jesu-navnet være for deg, gjennom deg
og ut til dine omgivelser.

Dette er navnet Jesus – det evige livet

"Jeg er Alfa og Omega, begynnelsen og
enden, den første og den siste."
(Åp 22, 13)

Peter gikk på vannet i navnet Jesus

"Da svarte Peter og sa: Herre! Er det Deg,
da ***be meg*** *å komme til Deg på vannet!"*
(Matt 14, 25-31)

Si bare et Ord, så blir gutten helbredet

Daglig gjennombrudd

*"Høvedsmannen sa: **Si bare et Ord**, så blir gutten min helbredet."* *(Matt 8, 5-11)*

*"Og Simon svarte og sa: Mester! Vi har strevet hele natten og ikke fått noe; men **på Ditt Ord** vil jeg kaste ut garnene."* *(Luk 5, 1-7)*

Les alle Bibelstedene.
Når Jesus er din Herre, er du herre i ditt liv og i dine omgivelser, i Jesu navn.

Takk Jesus,
for den enorme autoriteten og kraften det er i Ditt navn. Takk at ved Din nåde, har dette blitt mitt liv. Amen.

19 Mai

Den første menighet og navnet Jesus

"Men alle dem som tok imot Ham, Jesus, dem ga Han rett til å bli Guds barn, de som **tror på Hans navn,** *Og de er født, ikke av blod, heller ikke av manns vilje, men av Gud."* *(Joh 1, 12-13)*

Tenk hvilken seier vi har i navnet Jesus
Den seieren har du, du som tror på navnet Jesus, og tror det navnet Jesus står for, og handler på/tror løftene i navnet Jesus, og ser funksjonen av det.

"Så kommer da troen av forkynnelsen, og forkynnelsen ved Kristi Ord."
(Rom 10, 17)

Samtidig som du blir klar over hva hele navnet står for, så får du tro for navnet og alt det navnet innehar, som du har oppdaget gjennom åpenbaring av Skriften, Bibelen.

"Og alt som dere gjør i ord eller gjerning, gjør det alt i den Herre Jesu navn, i det dere takker Gud Fader ved Ham, navnet Jesus."
(Koll 3, 17)

Daglig gjennombrudd

Den første menighet og navnet Jesus

I den første menighet, lærte de å gjøre alt i Jesu navn. Det var ikke rart mennesker utenfor menigheten fryktet Jesu-navnet mer enn noe annet.

"Foran de eldste, rådsherrer og skriftlærde i Jerusalem. Bibelen sier: Men for at det ikke skal utbre seg mer iblant folket, så la oss alvorlig true dem til ikke mer å tale i **dette navn, Jesu navnet**, *til noe menneske."* *(Apg 4, 17-18)*

Les også versene 23-31 i samme kapittel

Der er en autoritet og en kraft i navnet Jesus, som ikke du forstår før du tror Bibelens Ord og handler på det. Når du ser resultatene av dine bønner, så vet du at kraften og autoriteten er i navnet Jesus.

Takk Far i himmelen

Jeg takker Deg for Din Sønn Jesus Kristus og for det Han står for, det Han gjorde og den Han er. Takk at Han har gitt arven til oss gjenfødte troende, så vi skal leve i seier i Jesu navn til Jesus kommer igjen og henter oss hjem til himmelen. Amen.

20 Mai

Bønn til Faderen i Jesu navn

"Jesus sa: Dersom dere blir i Meg, og Mine Ord blir i dere, da be om hva dere vil, og dere skal få det." *(Joh 15, 7)*

Når vår stilling er som beskrevet innfor Guds Ord, så er vi ett med Ordet. Da kan vi be om hva vi vil. Det vil si at Gud legger Ord i vår tanke. Det Ordet vil vi automatisk tro. Handler vi på det, så skjer underet.

Den alt inkluderende bønn - bønn til Faderen i Jesu navn
Når vi ber om ting som ikke er knyttet direkte til forsoningsverkets evangeliserende, proklamerende verktøy, som vi leser i Markus 16, 15-18, så ber vi om alle ting til Faderen i Jesu navn. Vi leser videre:

*"Jesus sa: Dere har ikke utvalgt Meg, men Jeg har utvalgt dere, og Jeg har satt dere til å gå ut og bære frukt, frukt som varer, for at Faderen skal gi dere **alt**, det dere **ber Ham om i Mitt navn.**"* *(Joh 15, 16)*

Daglig gjennombrudd

Takke Faderen i Jesu navn

*"Og alltid si Gud og Faderen takk for alle
ting i vår Herre Jesu Kristi navn."
(Ef 5, 20)*

Himmelkontoen "vår"
Vi tar ut av den himmelske kontoen, på
kontoeierens navn, og vi takker eieren for
retten til å bruke den i Hans navn, som vår
konto. Jesu-navnet er inngangen til
Faderens hjerte. Vil du ha svar på dine
bønner - følg Bibelens Ord.

Takk kjære Far,
for denne flotte informasjonen, som viser så
enkelt hvordan vi skal forholde oss til
Ordet, for at det skal fungere i våre liv.
Amen.

21 Mai

Navnet Jesus tilhører deg som et gjenfødt menneske

Hvis Satan klarer å fange deg i tankelivet, så slår han deg ut av balanse og fører deg inn i synden med ditt liv.

Troens arena

Lever du ditt liv for den Herre Jesus og lever i Hans Ord, må Satan opp på din "troens arena" for å møte deg. Der taper han alltid. Vi kjemper troens gode strid.

"Vær edrue, våk! Deres motstander djevelen går omkring som en brølende løve og søker hvem han kan oppsluke."
(1 Pet 5, 8-9)

Hvem han kan oppsluke

Satan følger med for å se hvem som gir åpning i tankelivet. Åpningen kommer når du ser mot syndens sirkus, da glir portalen umerkelig opp og da kommer Satans tanker øyeblikkelig inn og binder deg. Da sitter du fast i problemet.

Stå fast som en Åndens gladiator på Ordets arena

"Så sant dere blir ved i troen, grunnfestet og faste, og ikke lar dere rokke fra det håp evangeliet gir." (Koll 1, 23)

Sinnets rustning, Ordets rustning, må alltid være på

Der du er som en seirende kristen med rustningen på, er Ordets arena. Du kommer med seier, du sprer seier, når du taler bryter det gjennom til seier. Satan vil frykte Kristus i deg og forsvinne fra territoriet du har inntatt. Dette opplever jeg over hele verden hvor jeg har hatt møtekampanjer eller virket på annen måte. Jeg kommer som en åndens gladiator, som har med meg Ordets arena. Der løser jeg ut Jesu seier i Hans vidunderlige navn, navnet Jesus. «Jesus sa: Sannelig sier Jeg dere, at den som sier til dette fjell: Løft deg opp og kast deg i havet, og ikke tviler i sitt hjerte, men tror det han sier skal skje, han skal det vederfares (motta, gresk)».

Navnet Jesus er til din disposisjon.

Daglig gjennombrudd

Takk himmelske Fader,
for disse åpenbaringer jeg mottar fra Deg.
Jeg vil leve dette livet i Ditt seirende navn.
Takk for et liv i verdighet og seier i Jesu
navn. Amen.

Daglig gjennombrudd

22 Mai

Bønn i Jesu navn

"Inntil nå har dere ikke bedt om noe i Mitt navn, i Jesu navn, be og dere skal få, for at deres glede kan bli fullkommen."
(Joh 16, 24)

Hva kan vi be direkte om i Jesu navn?
"Jesus sier: Og disse tegn skal følge dem som tror, i Mitt navn, i Jesu navn, skal de drive ut onde ånder, de skal tale med tunger. De skal ta slanger i hendene, og om de drikker noe giftig skal det ikke skade dem, på syke skal de legge sine hender, og de skal bli helbredet." *(Mark 16, 17-18)*

"Minn Meg, la oss gå i rette med hverandre, fortell du, så du kan få rett."
(Jes 43, 26)

Alle de som har vært sterke i bønn, har alltid vært de som har minnet Gud på Hans løfter. Hva du enn ber om, kjemp det ut. Når Satan og demonene ser du er en gladiator som aldri gir seg, så går de.

Daglig gjennombrudd

*"For vi har ikke kamp mot blod og kjøtt,
men mot makter, mot myndigheter, mot
verdensherrer i dette mørket, mot
ondskapens åndehærer himmelrommet."*
(Ef 6, 12)

Vi har Åndens sverd

*"For Guds Ord er levende og kraftig og
skarpere enn noe tveegget sverd og trenger
igjennom, inntil det kløver sjel og ånd,
ledemot og marg og dømmer hjertets tanker
og råd."* *(Heb 4, 12)*

Og det mektige Ordet og Jesu-navnet er vårt
våpen. Jesus er Ordet. De tingene som står
konkret omtalt i Bibelen i forbindelse med
forsoningsverket på Golgata, det taler vi
mot i Jesu navn.

*"Han, Jesus, avvæpnet maktene og
myndighetene og stilte dem åpenlyst til
skue, idet Han viste Seg som seierherre over
dem på korset."* *(Kol 2, 15)*

Jesu fullbrakte verk på Golgata kors, som vi
ser den seirende uttalelse om i Markus 16,
15-18, ber vi direkte seieren ut på, direkte i
Jesu navn.

Takk kjære Far,

at Du lar meg få disse åpenbaringene i Ditt
Ord, som gjør at jeg kan leve et liv som en
seirende kristen med Dine strategier i alt jeg
gjør. Amen

Daglig gjennombrudd

23 Mai

Hva to av dere blir enige å be om

"Jesus sa: Igjen sier Jeg dere: Alt det to av dere blir enige om å be om, det skal gis dem av Min Far i himmelen. For hvor to eller tre er samlet i Mitt navn, der er Jeg midt iblant dem." (Matt 18, 19-20)

Her må det ikke legges på noen begrensinger. La oss ta Herren på alle Hans Ord, "vi tar Ham på Ordet."

Den grunnfestede makt

"Jesus sa: Se, Jeg har gitt dere makt til å trå på slanger og skorpioner og over alt fiendens velde, og ingenting skal skade dere." (Luk 10, 19)

Paulus hvilte i tillit til Jesu Ord

Paulus var ute for en episode med en slange (Apg 28, 3-6). Han ristet slangen av seg inn i ilden. Han lagde ikke noe stort ut av det. Han visste på hvem han trodde og han sto på Jesu løfte. Han var en grunnfestet makt på Jesu Ord i den situasjonen han var.

Daglig gjennombrudd

"Han grunnfestet en makt for Sine motstanderes skyld, for å stoppe munnen på fienden og den hevngjerrige." (Salme 8, 3)

Bare skyggen falt på folket, ble de helbredet

I Apg 5, 15, leser vi at de ble helbredet bare skyggen av Paulus falt på folket. Dette har jeg masse eksempler fra min egen tjeneste verden over at dette fungerer sterkt. Dette kan dere lese om i bøkene mine.

Jo sterkere din åpenbaringskunnskap i Skriften er, dess sterkere vil din tro være. Din sterke tro gjør deg til en grunnfestet makt. Der du kommer vil den grunnfestede makt være til stede. Den vil påvirke de som er rundt deg, positivt og negativt. Det kommer helt an på deres ståsted, dem som er rundt deg.

Kjære Jesus

Jeg takker Deg for at det ikke er noen grense for hvor nære jeg kan leve med Deg, og at det heller ikke er noen grense for hvordan Du ønsker å bruke oss i tiden som ligger foran. Amen.

Daglig gjennombrudd

24 Mai

I Mitt navn – kast ut demoner I

Kaste ut demoner var det første tegnet Jesus
nevnte etter Han ga oss misjonsbefalingen i
Markus 16, 15.

*"Jesus sa: I Mitt navn skal dere drive ut
onde ånder."* *(Mrk 16, 17)*

Her ville Jesus fra dag en, at vi skulle utøve
den autoriteten og den kraften Han hadde
gitt oss.
Så langt i bøkene, har du begynt å forstå
hvordan du skal oppøve din tro for å få den
sterk. Det er akkurat det du må gjøre for å
leve seirende som en gjenfødt kristen.

De som tror, er de som har autoriteten

Troen er ingen lettvint løsning. Troen er
dyrt kjøpt. Det er en vei å gå før den
begynner å feste seg med styrke. Men du
må begynne å gå. Det er fantastisk når det
levende Ordet strømmer ut over dine lepper,
fylt av Herrens autoritet og kraft i Jesu
navn.

Daglig gjennombrudd

Demonene må adlyde navnet Jesus, fylt av Åndens autoritet og kraft

"Spådomskvinnen fulgte etter Paulus og ropte:

Disse mennesker er den høyeste Guds tjenere, som forkynner dere frelsens vei. Dette gjorde hun i mange dager. Da harmedes Paulus og vendte seg om og sa til ånden: Jeg byder deg i Jesu Kristi navn å fare ut av henne! Og den for ut i samme stund." (Apg 16, 16-18) Les alle versene.

Bruken av navnet Jesus

Å bruke navnet Jesus uten videre, kan skaffe deg store problemer, og ikke virke som ønsket. Spørsmålet er hvordan ditt personlige ståsted i Kristus er. Dette må være på plass, først da vil navnet Jesus fungere som det skal gjennom deg. Forståelse av dette er allerede tatt med i boken og ellers i andre av mine bøker. (Jeg fortsetter i neste avsnitt).

Kjære Far

Takk for at Du også vil åpne øynene mine for sannheten om de onde ånders aktiviteter på jorden. Takk at jeg også får innsikt i denne viktige delen av den åndelige virkelighet. Amen.

Daglig gjennombrudd

25 Mai

I Mitt navn – kast ut demoner II
Kvinnen med spådomsånden
Jeg hadde nøyaktig samme opplevelsen som
Paulus en gang i Afrika. På vei til en lokal
ferge, sto en kvinne på en høyde og ropte
høyt: «Halleluja, halleluja, her kommer den
høyeste Guds tjener». Jeg gjorde ingenting
med saken, gikk bare på ombord på fergen.
En kaster ikke ut alle demoner som
manifesterer seg

Vi har den Hellige Ånd i oss og har
forståelsen av å bruke den i vårt forhold til
den demoniske verden. Når din stilling er
slik, vil demoner føle seg truet når du
kommer. Da vil de automatisk reagere på
den frie Hellige Ånd i deg. Men å kaste ut
alle demoner som kommer ens vei har ingen
hensikt. Det må være de som du opplever
må kastes ut, fordi det må være en enighet
med vedkommende som er fanget av
demoner. Det er arbeid som må gjøres etter
utfrielsen, for å bli bevart i utfrielsen.

De onde ånder kjenner navnet Jesus og
vet godt hva det står for

Daglig gjennombrudd

"Og Han, Jesus, helbredet mange som hadde ondt av forskjellige sykdommer, og drev ut mange onde ånder, og Han tillot ikke de onde ånder å tale, fordi de kjente Ham." (Mark 1, 34)

Vi forsøker ikke – vi går fram med troens fulle visshet
Hvis vi vil "forsøke oss av nysgjerrighet" med demoner, så kan vi selv få problemer. Demonene ser øyeblikkelig ditt ståsted i saken.
Du må vite hva du gjør - med "troens fulle visshet".
(Vi fortsetter i neste avsnitt).

Takk Jesus,
for at Du vil undervise meg om disse tingene, og lære meg å forstå faresignalene for min egen del. Jeg ser det som et privilegium fra Deg å få innsikt på dette området. Amen.

Daglig gjennombrudd

26 Mai

I Mitt navn - kast ut demoner   III

**De onde ånder adlyder autoriteten i
navnet Jesus**
De adlyder ikke "autoriteten" i personen,
men **Jesu autoritet i personen.** Vi leser:

*"Og da Jesus var gått ut av båten, kom det
straks mot Ham ut av gravene, en mann som
var besatt av en uren ånd.*

*Han hadde sitt tilhold der i graven, og de
kunne ikke lenger binde ham, ikke en gang
med lenker.*

*Og han var alltid, natt og dag, i gravene og
på fjellene og skrek og slo seg selv med
steiner.*

*Og da han så Jesus langt borte, løp han til
og falt ned for Ham, og ropte med høy røst:
Hva har jeg med Deg å gjøre, Jesus, Du den
høyeste Guds Sønn? Jeg besverger Deg ved
Gud at Du ikke må pine meg!*

*For Jesus sa til ham: Far ut av mannen du
urene ånd!" (Mark 5, 1-8) (Les resten av
historien).*

Daglig gjennombrudd

De onde ånder må adlyde autoriteten i navnet Jesus

Ser du de onde ånders reaksjoner på navnet Jesus? Slike reaksjoner kan det også bli når du kommer.

"Derfor har Gud opphøyet Ham og gitt Ham det navn som er over alle navn.
*Så at i **Jesu navn** skal hvert kne bøye seg, dere som er i himmelen og på jorden, og under jorden." (Fil 2, 9-10)*

"Og gi deres hjerte opplyste øyne (åpenbaring), så dere kan forstå (ikke bare kunnskap om), hvilket håp det er Han har kalt dere til, og hvor rik på herlighet Hans arv er blant de hellige." (Ef 1, 18,23) (Les alle versene).

Når du er på plass i det åndelige - virker navnet Jesus over dine lepper - til utfrielse. (Fortsetter i neste avsnitt).

Kjære Jesus

Dette er overveldende for meg, men jeg vil ha alt Du vil jeg skal ha. Takk for at Du leder min gange inn i Din vilje for mitt liv. Amen.

Daglig gjennombrudd

27 Mai

I Mitt navn - kast ut demoner   IV

Demonene begynner å skjelve, når de hører Guds Sønns navn - navnet Jesus

"Og de som gikk forbi, spottet Ham og rystet på hodet og sa:
Du som bryter ned tempelet og bygger det opp igjen på tre dager. Frels Deg selv. Er **Du Guds Sønn, stig da ned av korset."**
(Matt 27, 39-40)

Satan var helt forvirret, han var helt ute av balanse. Han hadde ingen oversikt, og forsto ikke hva som var i ferd med å skje. Først ville han korsfeste Kristus, og så ville han ha Ham ned fra korset igjen! Satans stolthet og hat holder ham i gang.

Du må vite på hvilket navn du tror, når du skal bruke det
Vår fiende er ingen hvemsomhelst. Han var en gang lysets engel, Lucifer.

"Men også noen av de jødiske åndemanere som for omkring, tok seg fore å nevne den Herre Jesu navn over dem som hadde onde

Daglig gjennombrudd

ånder, og sa: Jeg maner dere ved den Jesus som Paulus forkynner.

Men den onde ånden svarte dem: Jesus kjenner jeg, og Paulus vet jeg om; men dere, hvem er dere?
Og mannen som den onde ånd var i, sprang inn på dem og vant dem begge to..” (Apg 19, 13-16)

Bruk navnet Jesus, hvis du føler deg trygg i din tro
Vi **forsøker ikke** å drive ut onde ånder - vi **driver** dem ut i Jesu navn!

”Men da Simeon så at Ånden ble gitt ved apostlenes håndspåleggelse, kom han til dem med penger og sa:
«Gi meg også denne makt.» (Apg 8, 18-20)
(Les alle versene).

Dette er noe man gjør når man vet man kan - i Jesu navn!
(Fortsetter i neste avsnitt).

Takk Jesus
Jeg takker Deg, for Din ledelse inn i disse viktige og alvorlige ting. Jeg tar dette til meg i ydmykhet. Jeg ser meg beæret som kan være Din disippel. Takk Jesus, at jeg kan få vandre med Deg. Amen.

Daglig gjennombrudd

28 Mai

I Mitt navn - kast ut demoner V
Ikke prøv – gjør!

"For vi har ikke kamp mot blod og kjøtt, men mot makter, mot myndigheter, mot verdens herrer i dette mørket, mot ondskapens åndehærer i himmelrommet."
(Ef 6, 12)

"Epafras hilser dere, en Kristi tjener som alltid strider (kjemper i kamp, King James) for dere i sine bønner." *(Koll 4, 12)*

Husk hva jeg har skrevet om bønn.

Men i alt dette, vinner vi mer enn seier ved Ham som elsket oss, i Jesu Kristi navn."
(Rom 8, 37)

"Han som avvæpnet maktene og myndighetene, og stilte dem åpenlyst til skue, idet Han viste Seg som seierherre over dem på korset." *(Koll 2, 15)*

Jesus Kristus, Gud Jehovas levende Sønn, mannens virkelighet bak navnet. Tenk deg hvilken seiersgigant dette i virkeligheten er. Når vi kan skue virkeligheten av dette - i

Daglig gjennombrudd

åpenbaring, i Skriften - da bøyer vi oss i dypeste ydmykhet for den Herre Jesus. Han som er den største, men lot Seg bli den minste, på grunn av deg og meg. Men sto opp igjen etter å ha seiret, og er igjen den aller største.

"Han som er kongenes Konge og herrenes Herre." (1 Tim 6, 14-15)

I Mitt navn - kast ut demoner

"Jesus sa: I Mitt navn skal dere drive ut onde ånder." (Mark 16, 17)

Kjære Fader
Jeg trodde aldri jeg skulle få den innsikt som Du nå gir meg. Men jo mer jeg ser og forstår av dette, dess mer bøyer jeg meg for Deg. Amen.

29 Mai

Det er helbredelse i navnet Jesus

Jesus sa:

"I Mitt navn skal de legge hendene på de syke og de skal bli helbredet."
(Mark 16, 17-18)

Peter opplevde at dette var sanne Ord

*Peter sa: Det jeg har, det gir jeg deg: I **Jesu Kristi navn**, stå opp og gå!"* *(Apg 3, 6)*

Mannen sto opp og gikk.

**Det er fullkommen "frelse"(redning til ånd, sjel og kropp, «zozzo»)
i navnet Jesus.**

"Det er ikke frelse i noe annen, for det er heller ikke noe annet navn under himmelen gitt, ved hvilket vi kan bli frelst." *(Apg 4, 12)*

Her er det snakk om hele menneskets tre-delers frelse, redning, «zozzo». Frelse til vår ånd, sjel, personlighet og kropp. I navnet Jesus er den totale frelse for mennesket.

Daglig gjennombrudd

Både på gresk og hebraisk (i følge Scofields Bible) er betydningen av ordet "frelse": Trygghet, beskyttelse, helbredelse, gjenfødelse, frihet og sunnhet.

"Evangeliet er en Guds kraft til frelse."
(Rom 1, 16)

Det er "frelse" i navnet Jesus
Her i frelsen ser vi at også helbredelsen er i navnet Jesus.

Takk Jesus,
for det fantastiske frelsesverket som også inkluderer fullkommen **helse** for meg og hele verden, i navnet Jesus. Amen

30 Mai

Helbredelse i Jesu forsoningsverk på Golgata

"Våre sykdommer har Han tatt på Seg, og våre piner har Han båret, men vi aktet Ham for plaget, slått av Gud og gjort elendig.

Men Han er såret for våre overtredelser, knust for vår missgjerninger, straffen lå på Ham, for at vi skulle ha fred, og ved Hans sår har vi fått legedom." (Jes 53, 4-5)

"For at det skulle oppfylles som er talt ved profeten Jesaja, som sier: Han tok våre skrøpeligheter på Seg og bar våre sykdommer." (Matt 8, 2.17)

"Han som bar våre synder på Sitt legeme opp på treet, for at vi skal avdø fra våre synder og leve for rettferdigheten, Han ved hvis sår dere er legt." (1 Pet 2, 24)

Se igjen i Jesaja

Jesaja 53, 4.12: Ordet for **synd** og **sykdom** er det samme fra det hebraiske ordet «nasal». Ordet «nasal» betyr: Løfte opp, ta vekk til en distanse. Helbredelsen som

Daglig gjennombrudd

allerede er gjort for oss gjennom Jesu
navnet i forsoningen på Golgata kors, er for
oss å utøve i Hans navn i dag.

Våre «piner har Han båret». (Jes 53, 4)

Han «bar manges synd». (Jes 53, 12)

**Helbredelse er for oss å utøve i Jesu-
navnet i dag.**

Takk Jesus,
at Du var villig til å ta alle våre sykdommer
på Deg, så vi skulle slippe å bære dem.
Amen.

31 Mai

Helbredelse fra sykdom i Jesu navn

Du bekjenner: Satan har slått deg med sykdom – men ved Jesu sår har du fått legedom. (Jes 53, 5)

Du er legt, enten du "føler" noe eller "kjenner" noe eller ser noe "forandring". Helsens frelse og gjenfødelsens frelse, mottas på samme måte. Det er i kraften, i autoriteten og i seieren i Jesus og Hans navn. Så det tas imot i navnet Jesus.

Hva er lettest å si?
"Jesus sa: Hva er lettest, enten å si til den verkbrudne: Dine synder er deg forlatt, eller å si: Stå opp og ta din seng og gå?

Men for at dere skal vite at Menneskesønnen har makt på jorden til å forlate synder - så sier Han til den verkbrudne:

Jeg sier deg: Stå opp og ta din seng og gå hjem til ditt hus!

Og han stod opp og tok sin seng og gikk ut for alles øyne, så alle ble ute av seg selv av

Daglig gjennombrudd

*forundring og priste Gud og sa: Slikt har vi
aldri sett!" (Mark 2, 9-12)*

Ved å bruke navnet, trenes troen din opp.
Din tro blir sterkere og sterkere. Din
ubevisste tro styrkes ved hver handling på
Guds Ord, i Jesu navn.

La oss bli i Guds program

*"Men dersom Hans Ånd som oppvakte
Jesus ifra de døde, bor i dere, da skal Han
som oppvakte Kristus ifra de døde, også
levendegjøre deres dødelige legemer ved
Sin Ånd, som bor i dere." (Rom 8, 11)*

*"Også dere har Han gjort levende, dere
som var døde ved deres overtredelser og
synder,*

*gjort oss levende med Kristus, enda vi var
døde ved våre overtredelser - av nåde er
dere frelst -*

*og oppvakte oss med Ham og satte oss med
Ham i himmelen i Kristus Jesus." (Ef 2,
1.5.6.)*

**Vi er levendegjort i navnet Jesus - det er
helbredelse i navnet Jesus.**

Daglig gjennombrudd

Takk Herre Jesus

Det som har virket som drømmer, er virkeligheter. Takk at det har blitt meg til del, da åpenbaringens dør åpnet seg, så jeg kunne se hva jeg har, og hvem jeg er i Deg. Amen.

Daglig gjennombrudd

177

Innhold

Daglig gjennombrudd

Hvilken bekjennelse valgte Martha?

1 Juni

Hva betyr det å bli frelst?

Ordet **frelst** heter **zozzo** på gresk. På engelsk har vi mange betydninger ut fra grunnordet, men som i helhet viser mot det samme. Jeg velger her å bruke ordene i enkelhet, og gi ordet «zozzo» betydningen: Frihet til ånd, sjel/personlighet og kropp.

Samleordet «frelse»

Et samleord, som kan brukes på disse (fra gresk) er det engelske ordet «saved», som betyr «reddet», som vi har oversatt «frelst».

Betydningen av ordet frelst

Betydningen av ordet **frelst,** reddet fra sykdom - er **helbredet.**
Betydningen av ordet **frelst,** reddet fra sykdom i personlighet - er **utfrielse** fra demoner.
Betydningen av ordet **frelst,** reddet, når det gjelder vår ånd - er **gjenfødelse.**

Omvendelse

En åndelig gjenfødelse starter alltid med en sann villighet til omvendelse. En **sann omvendelse** er villigheten til å begynne å tenke nytt, og snu ryggen til de gamle tankemønstre. Det blir som å begynne å

Daglig gjennombrudd

bygge en ny motorvei, med nye tanker i sinnet. Hjernen er hovedbasen for vår personlighet, eller "harddisken" på dataspråket.

Vi bygger en ny motorvei, der den gamle var

Det er hva sann omvendelse er. Nye byggesteiner av ypperste kvalitet. Når den veien er ferdig, tenker du aldri mer på den gamle veien (kanskje sporadisk, når du kikker ned på den ...)

Et helt nytt kjøremønster begynner, en helt ny kjørekomfort. Et helt nytt liv. Selv om det kostet deg alt for å få den i orden.

Kjære Far

Takk for den greie forståelsen av frelsen og omvendelsen. Dette gjør det enklere og tro frelsen sterkere, og gjør omvendelsens villighet enklere. Amen.

Daglig gjennombrudd

2 Juni

Bli født på ny

Her er det arvesyndens problematikk som
må ordnes. I den sammenheng sier Jesus til
Nikodemus - at han må bli født på ny, hvis
han skal se Guds rike. Dette finner vi i
Johannes evangeliet 3, 3 (les hele kapitlet).

Vår ånd, vårt "jeg". (1 Mos 1, 27) Det er
den skapte ånden i oss, som ble uren og
kom under forbannelsen på grunn av
syndefallet. Dette er en arvelig synd, som
har fulgt hele menneskeheten siden den
gang. Det var denne forbannelsen Jesus brøt
med forsoningsverket på Golgata. Det var
det verket som ga oss muligheten til å få en
ny syndfri menneskeånd, under Guds
velsignelse. Dette ville da skje med alle som
omvendte seg til Jesus og lot Han bli Herre i
sitt liv. Da ville de bli "født-på-ny". Den
gamle ånden vil da forsvinne ut, og en ny
hellig, syndfri ånd vil komme inn. Du vil da
bli "født-på-ny". En helt ny start var i gang.
Hør på dette:

Daglig gjennombrudd

En helt ny skapning

"Dersom noen er i Kristus (lar Jesus bli Herre), da er han en helt ny skapning, det gamle er borte, se alt er blitt nytt!
(2 Kor 5, 17)

Det er hva som skjer i den nye fødsel, du blir en helt ny skapning

Nå har du fått muligheten til å leve et helt nytt liv. Dette nye livets potensiale, krever at du lever et omvendt liv av det du tidligere levde. Enten du har vært en snill gutt eller jente, eller ei.

Født-på-ny i ånden, mens sjelen må fornyes

Det er i tankelivet, i sjelen, den målbevisste veien ved bruk av viljelivet må vandres, for å få fram Kristus-skikkelsen i deg.

Avkles for igjen å ikles

Her kommer Galaterbrevet inn. Les fra kapittel 5, 16- 22. Her ser du prosessen. Dette er **omvendelsens vei,** som en må vandre for å komme inn i en åndelig vekst. Begynner man ikke på denne vandringen, vil man til slutt falle ut igjen av det nye livet, da det ikke får den «nærings-tilførselen» det skal ha.

"Men bli forvandlet ved fornyelsen av deres sinn." *(Rom 12, 2)*

(Min bok "Dressa opp for seier", tar opp dette emnet).

Kjære Far
Takk for at Ditt Ord gir levende støtte til mitt liv, når jeg begynner på denne "omvendelsens veis" vandring - mot modenhet i Kristus Jesus. Amen.

Daglig gjennombrudd

3 Juni

Tro & navnet Jesus
Du tenker kanskje: Hadde jeg hatt tro nok,
så kunne jeg bruke navnet Jesus.
Det står ingenting i Bibelen om at Jesus sier
noe om tro, når Han snakker om Sitt navn.
Hør hva bibelen sier:

"Og disse tegn skal følge dem som tror, i
Mitt navn *skal de drive ut onde ånder."*
(Mark 16, 17)

"De sytti kom glade tilbake og sa: Herre,
endog de onde ånder er oss lydige i Ditt
navn." (Luk 10, 17)

Jesus sa til disiplene her i verset etter, at de
ikke skulle glede seg over at demonene var
dem lydige. Det jeg ville fram til, var at
demonene reagerte på navnet Jesus. Dette
er også min erfaring etter 40 år i tjenesten.
Over alt hvor jeg har vært i verden og
proklamert evangeliet, så er opplevelsen at
demonene reagerer øyeblikkelig på navnet
Jesus - og de vet de må forlate
vedkommende.

**Det samme gjelder når vi kommer til
sykdommer i legemet.**

Daglig gjennombrudd

"Og hva som helst dere ber om i Mitt navn, det vil Jeg gjøre, for at Faderen skal bli herliggjort i Sønnen.

Dersom dere ber Meg om noe i Mitt navn, så vil Jeg gjøre det." (Joh 14, 13-14)

Du tror det du gjør
Her er en hemmelighet til deg, ja en åpenbaring. **Bruker** du navnet Jesus, så **tror** du det du gjør.

Takk Jesus,
at jeg kan få guddommens hemmeligheter inn i meg, nesten uten at jeg vet om det. Det skjer når jeg søker Deg og studerer Ditt Ord av hele mitt hjerte. Jeg takker Deg for at jeg kan få oppleve dette. Amen.

4 Juni

Den ubevisste tro i arbeid

"Disiplene ble stilt frem midt iblant yppersteprestene og ble spurt: Ved hvilken kraft eller ved hvilket navn gjorde dere dette?

Da sa Peter til dem, fylt av den Hellige Ånd: Dere, folkets rådsherrer og Israels eldste,

når vi i dag blir tatt i forhør for en velgjerning mot et sykt menneske, om hva han er helbredet ved,

la det da være vitterlig for dere alle og for hele Israels folk, at ved Jesu Kristi nasareerens navn, Han som dere korsfetet, Han som Gud oppvakte fra de døde, ved Ham står denne helbredet for deres øyne."
(Apg 4, 7-10)

Ubevisst i navnet Jesus
Du tenker kanskje med deg selv: Dette er jo tro - ja, ubevisst i **navnet Jesus.**
Ser du? Gud vil ha deg med.

Daglig gjennombrudd

"Uten tro er det umulig å tekkes Gud." (Heb 11,6)

*"Men for at det ikke skal utbre seg noe mer - så la oss alvorlig true dem til **ikke mer å tale i dette navn** til noe menneske!" (Apg 4, 17)*

De opplevde at det var en autoritet og en kraft i navnet Jesus!

"Men Herren sa til Ananias: Gå av sted, for han, Paulus, er Meg et utvalgt redskap til å bære Mitt navn frem for hedninger, konger og for Israels barn." (Apg 9, 15)

*"Om dere hånes for **Kristi navn** skyld, er dere salige fordi herlighetens og Guds ånd hviler over dere." (1 Pet 4, 14-16)*

Guds Autoritet og kraft er med oss i navnet Jesus!

Takk Jesus,
for et fantastisk liv jeg er gitt i frelsen, i Ditt navn. Takk for at jeg alltid kan få følge Deg. Amen.

Daglig gjennombrudd

5 Juni

En rett til å bruke navnet Jesus

1

Vi er født inn i Guds familie, og navnet tilhører familien.

"Alle dem som tok imot Ham, Jesus, ga Han rett til å bli Guds barn, de som tror på **Hans navn.**" (Joh 1, 12)

2

Vi er døpt til navnet Jesus. Ved å være døpt til navnet, er vi døpt til Kristus selv.

"Vi ble altså begravet med Kristus ved dåpen til døden, for at likesom Kristus ble oppreist fra de døde ved Faderens herlighet, så skal vi også vandre i et nytt levnet, men er vi døde med Kristus, da tror vi at vi også skal leve med Ham." (Rom 6, 3-8) (Les alle versene).

3

Dette var besluttet for oss av Jesus, at vi skulle bevise Hans autoritet.

Daglig gjennombrudd

"Og Jesus trådte frem og sa: Meg er gitt all makt i himmel og på jord - gå derfor ut."
(Matt 28, 18)

"Jesus sa: Men dere skal få kraft i det den Hellige Ånd kommer over dere, og dere skal være Mine vitner/gå med kraften (martyrer, bevisprodusenter) i Mitt navn.

4
Vi har fått befalingen som Kristi ambassadører å utrope Jesu-navnet blant alle nasjoner.

"Så er vi da sendebud (ambassadører) i Kristi sted." *(2 Kor 5, 20)*

"Og Jesus sa til dem: Gå ut i all verden og forkynn evangeliet for all skapningen.

Og disse tegn skal følge dem som tror, i **Mitt navn ...**" *(Mark 16, 15-18) (Les alle versene).*

Kjære Jesus
Jeg ser at dette absolutt er mulig for meg i Ditt navn. Virk Du i meg, til å ville etter Ditt behag. Takk at Du gjør det, når jeg lever i Ditt Ord og adlyder det. Amen.

Daglig gjennombrudd

6 Juni

Visjoner i navnet Jesus   I

Jesus alene

Men da de så opp, så de ingen uten Jesus alene." (Matt 17, 1-8)

Det er Jesus som gjør underet i ditt liv

"Og mye folk kom til Ham, og de hadde med seg halte, blinde, stumme, vanføre og mange andre, og de la dem for Hans føtter, og Han helbredet dem." (Matt 15, 30)

Ser du Jesus alene? Ser du Hans visjon? Hans åpenbaring som Jesus helbrederen? Navnet med autoritet over sykdommene! Til møtene verden rundt kommer mennesker med syke for å bli helbredet. Jeg glemmer aldri traktoren med henger bak. Hengeren var full av syke som kom for å bli helbredet. Jeg fikk ikke med meg om alle ble helbredet på hengeren, men mange ble helbredet i møtet.

"Og Jesus sa til henne: Dine synder er deg forlatt." (Luk 7, 44-48) (Les alle vers).

Daglig gjennombrudd

192

Ser du det? Visjonen, åpenbaringen av den tilgivende Jesus. Navnet med autoritet over synden, navnet med den tilgivende og rensende makt.

"For Jesus sa til ham: Far ut av mannen du urene ånd! (Matt 5, 6-8)

Visjonen, åpenbaringen av den seirende Jesus Kristus
Dette opplever jeg over alt jeg reiser, at demonene kommer ut i Jesu-navn. Det skjer omtrent alltid, uten diskusjon fra demonenes side. De er beseiret av Jesus -og må gå i Jesu navn.

Kjære Jesus
Hvilken herlighet det er med Ditt navn. Takk for at den herligheten også er min. Du vant den for meg på Golgata kors og jeg vil følge Deg av hele mitt hjerte. Amen.

Daglig gjennombrudd

7 Juni

Visjoner i navnet Jesus   II

"Da svarte Jesus og sa til den kanaaneiske kvinne: Kvinne! Din tro er stor; deg skje som du vil! Og hennes datter ble helbredet fra samme stund." (Matt, 22-28) (Les alle vers).

Ser du visjonen, åpenbaringen av den barmhjertige Kristus, navnet Jesus, det barmhjertige navnet.

"Og se, Jesus møtte disiplene og sa: Fred være med dere! Men de gikk frem og omfavnet Hans føtter og tilba Ham." (Matt 28, 9)

"Jesus sa: Og når Jeg blir opphøyet fra jorden, skal Jeg dra alle til meg." (Joh 12, 32)

Visjonen, åpenbaringen av den opphøyede Kristus, navnet over alle navn - navnet Jesus.

"Så kommer da troen av forkynnelsen, og forkynnelsen ved Kristi Ord." (Rom 10, 17)

Daglig gjennombrudd

Forløseren
De hadde alle hørt om Jesus, de syntes de kjente Ham, de så Ham for seg, som den som var forløseren for deres liv. De så Jesus.

"Og dere skal kjenne sannheten, og sannheten skal sette dere fri." (Joh 8, 32)

"Jesus sier til ham: Jeg er veien, sannheten og livet." (Joh 14, 6)

"Jesus sa: De Ord Jeg taler til dere, er ånd og de er liv." (Joh 6, 63)

"Jesus sa: Den som hører Mitt Ord og tror Ham som har sendt Meg, han har evig liv og kommer ikke til dom, men er gått over fra døden til livet." (Joh 5, 24)

Navnet Jesus og alt det er - er livet for deg og meg.

Kjære Fader
Jeg takker Deg for det livet jeg har blitt gitt av bare nåde i Din Sønn Jesus Kristus. Takk for navnet som er gitt meg som en livsgaranti. Amen.

8 Juni

Visjoner i navnet Jesus   III

*"Kjærligheten er langmodig, er velvillig;
kjærligheten bærer ikke avind, kjærligheten
brammer ikke, oppblåses ikke,*

*den gjør intet usømmelig, søker ikke sitt
eget, blir ikke bitter, gjemmer ikke på det
onde.*

*Den gleder seg ikke over urettferdighet,
men gleder seg ved sannhet.*

*Den utholder alt, tror alt, håper alt, tåler
alt.*

*Men nå blir de stående disse tre: Tro, håp
og kjærlighet, og størst blant dem er
kjærligheten." (1 Kor 13, 4-7.13)*

Kjærlighetens åpenbarte lys
Har du fått tro på navnet, har du fått håp i
navnet, har du fått kjærlighet til navnet?
Har du fått dette, da vil du aldri forgå, ditt
navn vil alltid lyse i sammen med Hans
navn.

Daglig gjennombrudd

"Jesus sier: For hvor deres skatt er, der vil også deres hjerte være.

La deres lender være ombundet og deres lys brennende." *(Luk 12, 34-35)*

Gi alt til Jesus, ja til navnet Jesus

"Uten visjoner forgår folket, men lykkelig er den som holder loven." *(Ord 29, 18)*

Navnet Jesus i oss
Jesus er Ordet, Ordet oppfylte loven. Den som er fylt av Ordet er fylt av navnet Jesus, fylt av nådens Ord.

Kjære Fader
Jeg takker Deg Jesus, for den nåde det er å kunne leve livet for Deg, ja leve for navnet Jesus. Jeg vil alltid tilhøre Deg. Amen.

9 Juni

Navnet Jesus, er ensbetydende med frihet

"Til frihet har Kristus frigjort oss, stå derfor fast, og la dere ikke igjen legge under trelldoms åk." *(Gal 5, 1)*

Friheten er i navnet Jesus
Du bestemmer selv om du vil leve ditt liv fanget, eller om du vil komme ut i frihet i Kristus Jesus.

"Og alt som dere gjør i ord eller gjerning, gjør det alt i den Herre Jesu Kristi navn, i det dere takker Gud Fader ved Ham." *(Koll 3, 17)*

Det du kan gjøre i navnet Jesus, vil føre deg ut i frihet. Og det er vi som må være enige med Herren, ikke Herren med oss. Det er vår eneste mulighet for frihet og seier.

Den samme mulighet i dag, som Adam og Eva hadde før syndefallet
Du er i dag i den posisjonen Adam og Eva var før syndefallet. Du kan velge frivillig om du vil leve i Kristi frihet, eller være

Daglig gjennombrudd

ulydig mot Guds Ord, og bli ført vekk ifra frih="">frihet. Dette er akkurat det samme som skjedde med Adam og Eva. De valgte å være ulydige mot Gud og ble ført ut av det gode livet i frihet.

Gud har lagt til rette i Sin Sønn Jesus Kristus, muligheten igjen for deg i dag til å gjenvinne i Jesus, din sanne frihet. Fri fra arvesynden og inn i Guds overflod av alt som godt er.

Adam og Eva var i friheten. Men de var ulydige mot Gud og kom inn i arvesyndens trelldom. Du og jeg i Kristus Jesus, kan gå ut av arvesyndens trelldom og inn i friheten.

Frihetens dør er åpen for deg

"Se, Jeg har satt foran deg en åpnet dør, og ingen kan lukke den til." (Åp 3, 8)

Takk Jesus,
at i Din frihet kan jeg leve hele mitt liv, hvis jeg bare holder meg til Ditt Ord. Takk for at forståelsen og åpenbaringen i Ordet, gir meg den sterke troen på navnet Jesus. Jesus er min frihetens nøkkel. Amen.

Daglig gjennombrudd

10 Juni

Åndens frihet er i navnet Jesus

"Men vær Ordets gjørere, og ikke bare dets hørere, idet dere dårer dere selv." (Jak 1, 22)

«Ordets gjører» fra gresk har flere betydninger. Det betyr «poet, utøver og gjøre som».

"Men Herren er Ånden, og hvor Herrens Ånd er, der er frihet." (2 Kor 3, 17)

Vandrer du i Ånden, så gjør du Ordet. Da vandrer du i frihet. Vandrer du i kjøttet, vandrer du i ulydighet til Bibelens Ord, og følger dine sanser i kjøttet. Da er du bundet.

Du er velsignet og fri i navnet Jesus

"Herren skal byde velsignelsen å være hos deg i dine lader og å følge deg i alt det du tar deg fore, og Han skal velsigne deg i det land Herren din Gud gir deg." (5 Mos 28, 8)

Daglig gjennombrudd

Når Satan går imot deg,
stå opp med all din moralske, mentale og
åndelige energi. Kast demonene ut i Jesu
navn. Kast deg imot Satan og demonene,
som om du er en del av Jesu-navnet, en del
av Gud - for det er du!

Seieren kommer. Du er identifisert i Jesus
Kristus i alt Han er, var eller kommer til å
være. Satan og demonene står imot deg en
tid, men du går på. Herren gjør din vilje
sterk, så du står til fienden går. Det er seier i
Jesu navn for deg.

Takk kjære Fader,
for Din Sønn Jesus Kristus og det verket
Han var villig til å gjennomføre som
menneske, like til korsets død, hvor Han
vant den evige seier. Til og med jeg ble
regnet med. Takk at jeg kan få leve mitt liv
for Jesus, og at jeg i Han er en overvinner i
verden, med en beseiret Satan under meg **i
Jesu navn.** Amen.

Daglig gjennombrudd

11 Juni

Den store oppvåkning - vekkelse?

Det snakkes om at det kommer en vekkelse. Dette kan man høre rundt omkring. At Herren kan besøke steder, og at sterke bevegelser fra Herren skjer, med tegn, under og mirakler - er en virkelighet. Nå snakker jeg om nasjoner som er nådd med evangeliet. Den vestlige verden, er det vi har ment å være den kristne del av verden. I vår tid ser vi humanismen biter seg innpå. Bibelen taler ingenting om at det skal bli vekkelser i nasjoner som har hørt evangeliet.

De unådde nasjoner

Det står heller ingenting i Bibelen om vekkelser skal bryte ut i unådde nasjoner, derimot står det at "hver stamme og tunge og folk og ætt" skal få evangeliet presentert. (Åp 5, 9)

Jesus sier også at "evangeliet om riket skal for kynnes over hele jorderiket til et vitnesbyrd (martyrium, med bevis) for alle folkeslag, og da skal enden komme." (Matt 24, 14)

Jesus sa også:

Daglig gjennombrudd

"Gå ut og gjør alle folkeslag til disipler!"
(Matt 28, 19)

Så har vi den misjonsbefalingen som er
klarest i sin bredde, det er der
Jesus sier: Gå ut i all verden og forkynn
evangeliet for all skapningen!

Her sier Han videre: Den som tror og blir
døpt skal bli frelst; men den som ikke tror
skal bli fordømt.

«Og disse tegn skal følge dem som tror: I
Mitt navn skal de drive ut onde ånder, de
skal tale med tunger, de skal ta slanger i
hendene, og om de drikker noe giftig skal
det ikke skade dem; på syke skal de legge
sine hender, og de skal bli helbredet».
(Mark 16, 15-18)

Bibelen sier ingenting om vekkelse, men
derimot at evangeliet skal forkynnes for
alle, med de medfølgende overnaturlige
tegn som nevnt.

"Timen til å høste er kommet; for høsten på
jorden er overmoden." (Åp 14, 15)

Daglig gjennombrudd

Kjære Far
Takk at Du åpner mine øyne for disse
sannheter. Vår oppgave som kristne er først
og fremst å få evangeliet ut der det aldri før
har vært, som Ditt Ord forklarer det, slik at
Du kan komme igjen. Dette er vår
primæroppgave. Amen.

Daglig gjennombrudd

12 Juni

Hva er en menighet?

Dette er et spørsmål hvor svarene har vært få. Bibelen sier ingenting om at en "kirke" som sådan, har noe bibelsk grunnlag å stå på. Det greske ordet som er benyttet i denne sammenhengen, er ordet **«ecclesia»** som på norsk betyr, to ting:

1) De **utvalgte**
2) De som samles på torgene
Det er også et ord fra den latinske oversettelsen fra gresk, som på norsk heter **«koinonia»** som betyr **fellesskapet.**

Ved å ta med disse betydninger, så blir det på norsk: "De utvalgte som samles/møtes på torgene og har fellesskap".

De utvalgte som samles/møtes på torgene og har fellesskap
De utvalgte er de som sier «ja» til å ha Jesus som Herre og blir født-på-ny, blir nye skapninger i Jesus Kristus. Dette igjen er **Kristi legeme,** med Jesus som hode. Dette er også det **usynlige legemet** eller **fellesskapet.** Det samles, løses opp og samles igjen. Det er et legeme man ikke kan fange.

Daglig gjennombrudd

Dette fellesskap er heller ikke ment å ha en kontrollerende pastor over seg, men en tjenende pastor, hyrde i ydmykhet, som en hjelper. Hyrden skal føre fellesskapet til de grønne gressganger. Han skal hjelpe dem å få den åndelige føden de har behov for, for å vokse til manns modenhet til aldersmålet for Kristi fylde.

De såkalte menighetssystemer vi ser i dag, er menneske konstruert. Bibelen taler ingenting om noe av det. De store menighetene er nok ikke det beste. De mindre fellesskapene, hvor alle blir sett og hjulpet, er nok best. Å nå de unådde må alltid være hovedfokuset.

Pastoren er ikke din herre, det er **kun Kristus som er din Herre.** Det Han gir deg tro for, det er hva du skal gjøre. Ikke hva en pastor skal styre deg til å gjøre eller akseptere. Bare kontroll-mennesker har behov for å kontrollere. Kontroll gjennom fordømmelse, ved bruk av løsrevne Bibel-vers. Det bygges frykt i stedet for kjærlighet.

Daglig gjennombrudd

Kjære Far
Takk for at Du bevarer meg fra å komme
inn i slike kjødelige, satanisk-styrte
bindinger gjennom ord. Det er Ditt Ord,
Bibelen, gjennom den Hellige Ånds
åpenbaring av Ordet, som skal være Herre i
mitt liv. Da blir min tro sterk, slik Du vil
den skal være. Du skal styre mitt liv kjære
Jesus. Amen.

Daglig gjennombrudd

13 Juni

Skritt ut i Guds verden av mirakler I

"*At Han etter Sin herlighets rikdom må gi dere å styrkes med kraft, ved Hans Ånd i deres indre menneske.*

At Kristus må bo ved troen i deres hjerter,

*så dere, **rotfestet og grunnfestet i kjærlighet**, må være i stand til å fatte med alle de hellige hva **bredde** og **lengde** og **dybde** og **høyde** der er,*

*og **kjenne** Kristi kjærlighet, som **overgår all kunnskap**, for at dere kan fylles til all Guds fylde.*" *(Ef 3, 16-19)*

Disse versene åpenbarte Gud for meg som ung mann, dette var på slutten av 70-tallet. Jeg har markert med svart det jeg først vil forklare for dere.

Rotfestet og grunnfestet i kjærlighet (v 18) - er det mulig?
Er ikke kjærlighet en følelse som kan svinge etter hva omstendighetene bringer på banen? Den type kjærlighet er vanskelig å

definere. Det er kanskje en hengivenhet til noe du liker veldig godt. Det være seg mennesker eller andre ting. Ordet «eros» kjenner vi som det som har med sex å gjøre, det vil jeg kalle «å begjære», og ikke kjærlighet. «Filia» er kjærligheten mennesker i mellom. Men her snakker vi om den **guddommelige kjærligheten, agape».** Den gir uten forventning om å få noe igjen.

Guds skapte menneske - og alle ting ut av ingenting

Gud er ånd, hans kjærlighet er ånd. Guds Ånd er åndens verden, evighetens evighet, kosmos- og utenfor det. Han er den eneste som kan skape. Dette er forklaringer fra gresk på ord i Bibelen som "verden og evigheten".

Den tredje og den fjerde dimensjonen

Den tredje dimensjonen, er den fysiske dimensjon, som er planeten Tellus som vi bor på. Den fjerde dimensjonen er den åndelige verden. Disse 2 dimensjoner fungerer under forskjellige lover. Vi ser det er nevnt 4 måleenheter. Når vi i den fysiske verden skal måle en dybde trenger vi 3 måleenheter for å finne dybden. Her er nevnt dybde også.

Daglig gjennombrudd

211

Da snakker vi om **en dybde i dybden.** Dette er da den **åndelige** verden.

Kjære Gud Fader
Takk for at Du åpner disse viktige sannheter for meg, så jeg kan få større forståelse av Dine virkeligheter, som er åndelige. Amen.

Daglig gjennombrudd

Daglig gjennombrudd

14 Juni

Skritt ut i Guds verden av mirakler II

Å kjenne Kristi kjærlighet som overgår all kunnskap (v 19) - er det mulig?
Nå forstår vi at kjærlighet er åndelig og at Gud er kjærligheten. Altså: Kjærlighet er åndelig.

"Gud er kjærlighet." (1 Joh 4, 8.16)

"Gud er ånd." (Joh 4, 24)

Når du kommer inn i Guds kjærlighets dybder, gjennom modning, hvor Åndens frukter blir en virkelighet i ditt liv - vil åndens verden i den Hellige Ånd begynne å åpne seg for deg på en måte du aldri trodde var mulig. De som er i denne posisjon, vil Herren begynne å åpne Skriftene for - gjennom åpenbaring. På en sterk måte.

"Og du vil kjenne (ikke kunnskap om) Kristi kjærlighet (gjennom åpenbarings kunnskap), som overgår all kunnskap (sansekunnskap, menneskelig kunnskap)." (Ef 3, 19)

Daglig gjennombrudd

Dette er en kunnskap som har visdommen i seg, som igjen gjør at kunnskapen blir brukt på en visdomsfull måte i enhver sammenheng.

"Paulus sier: Så jeg kan få kjenne Ham, Kristus, og kraften av Hans oppstandelse og samfunnet med Hans lidelser, i det jeg blir gjort lik med Ham i Hans død."

Helliggjørelsesprosessen må komme i gang for å komme på dette nivået i ånden. (Gal 5, 15-22)

"Men vi har ikke fått arvesyndens ånd, denne verdens ånd, vi har fått den ånd som er av Gud, for at vi skal kjenne det som er gitt oss av Gud." (1 Kor 2, 12)

Kjære Far
Jeg forstår nå klart, at jeg kan komme på nye og høyere nivåer i det åndelige, hvis jeg bare gjør det jeg må gjøre. Takk at Du er med meg i vandringen mot dette målet. Amen.

Daglig gjennombrudd

15 Juni

Skritt ut i Guds verden av mirakler III

"I begynnelsen var Ordet, Ordet var hos Gud og Ordet var Gud." (Joh 1,1)

"Og Ordet ble kjøtt og tok bolig iblant oss, og vi så Hans herlighet, en herlighet som den enbårne Sønn har fra Sin Far, full av nåde og sannhet." (Joh 1, 14)

Guds mirakelbok
Guds mirakelbok, med Guds mirakelord, bringer deg til Guds mirakuløse verden. Kjærlighetsboken som overgår all kunnskap, når åpenbaringen av den - gjennom den Hellige Ånd - kommer din vei. **Da vil den Hellige Ånd gjøre sansekunnskapen til åpenbaringskunnskap.** Da vil du **forstå** Ordet, ikke bare være enig i det. Det vil virke fram troens overbevisning, autoritet, kraft og visdom i ditt liv, av hva du har fått åpenbart. Du har begynt å bevege deg i Bibelens fjerde dimensjon, **åpenbaringsdimensjonen** - i den Hellige Ånd, i ånden.

Daglig gjennombrudd

Jo mer du lærer å kjenne den firedimensjonale Bibelboken, dess mer av Guds fylde får du. (Ef 3, 16)

Denne veien er mulig for deg å gå
Men du må ville gå den av hele ditt hjerte. Du må være villig til å betale den prisen det vil koste deg med ditt liv. Den Herre Jesus, gjennom den Hellige Ånd, vil lede deg hele veien. Han vil lede deg gjennom Guds Ord. Han vil fortelle deg til enhver tid, gjennom Ordet, hva du skal legge av deg og hva du skal kle på deg.

Fyll deg med Ordet, så den Hellige Ånd kan få åpenbart noe for deg

"Jesus sier: Men talsmannen, den Hellige Ånd, som Faderen skal sende i Mitt navn, Han skal lære dere alle ting, og minne dere om alle ting som Jeg har sagt dere." (Joh 14, 26)

Takk kjære Fader
De mektige åpenbaringene jeg har begynt å stige inn i, ønsker jeg av hele mitt hjerte å leve i. Takk at Du er med meg og leder meg hele veien ved Din Ånd -gjennom Ditt Ord. Amen.

Daglig gjennombrudd

16 Juni

Skritt ut i Guds verden av mirakler IV

En verden hvor alt er mulig
Du begynner å vandre og leve i Guds
verden av mirakler, du begynner å vandre i
den fjerde dimensjonens verden, i den
Hellige Ånd - i åndens verden.

"For ingenting er umulig for Gud." (Luk 1, 37)

Dette er den verden vi er ment å fungere i
på samme tid som vi fungerer optimalt på
jorden.

Enok vandret med Gud

*"Ved tro ble Enok bortrykket, så han ikke
skulle se døden, og han ble ikke funnet,
fordi Gud hadde bortrykket ham. For før
han ble bortrykket, fikk han det vitnesbyrdet
at han behaget Gud.*

*Men uten tro er det umulig å tekkes Gud,
for den som kommer frem for Gud, må tro
Han er til, og at Han lønner dem som søker
Ham." (Heb 11, 5-6)*

Daglig gjennombrudd

Fylt av Guds Ord

Enok vandret med Gud i 365 år. Enok hadde ikke noen skrevet Bibel, men han mottok Ord fra Gud i sitt tankeliv, i sin sjel. Hans liv og sjel var overgitt til Gud. Enok var fylt av Ord fra Gud, han var fylt av Guds Ord. Gud var fornøyd med Enok, han behaget Gud. Enok forsto nok at det var en verden av en annen dimensjon, den verden Gud bortrykket ham til.

Fjellet var fullt av gloende hester og vogner rundt omkring Elisa

"Og da denne Guds manns tjener tidlig om morgenen gikk ut, fikk han se en hær med hester og vogner omringet byen. Da sa hans dreng til ham: Å, min Herre, hva skal vi gjøre?

Han svarte: Vær ikke redd, de som er med oss, er flere enn de som er med dem.

Og Elisa ba og sa: Herre, åpne hans øyne - og han fikk se at fjellet var fullt av gloende hester og vogner rundt omkring Elisa." (2 Kong 6, 15-17)

Gud åpenbarte den fjerde dimensjonen for tjeneren. Han så og trodde.

Daglig gjennombrudd

Kjære Fader
Takk for at jeg er på vei inn i dette
overnaturlige naturlige livet med Deg. Jeg
ønsker å leve et åndelig seirende liv for
Jesus og i Hans tjeneste, i Din dimensjon.
Amen.

Daglig gjennombrudd

17 Juni

Skritt ut i Guds verden av mirakler V

Jeg vil også nevne historien om Sadrak, Mesak og Abed-Nego som ble kastet i ildovnen. Ovnen ble overopphetet og de ble sendt inn i ovnen bundet. Da tok Nebukadnesar til orde og sa: «

*Kastet vi ikke **tre** menn inn i ildovnen? «Jo», svarte de som hadde gjort det. «Men jeg ser», svarte kongen, «**fire** menn gå omkring løse der inne. Og den fjerde ser ut som en gudesønn».* (Dan 3, 17-27)

"Herrens engel leirer seg rundt omkring dem som frykter Ham, og Han utfrir dem." (Salme 34, 8)

Her ser vi Gud Fader komme med den fjerde dimensjonens krefter ned i ildovnen, hvor **Guds Sønn redder dem.** Kong Nebukadnesar opphøyet dem. Det jeg ville fram til er at den fjerde dimensjons krefter, den åndelige verdens krefter - ved den Hellige Ånd, var i gang også den gangen.

Daglig gjennombrudd

Gud Jehova

Her ser vi hvordan Gud på ekstra ordinær måte, kommer sine tjenere til hjelp. Vi ser helt klart hvordan den fjerde dimensjonens krefter, den Hellige Ånds krefter i åndens verden var i arbeid. De jeg her har nevnt, var alle mennesker som vil tjene Gud Jehova med alt de hadde. Det var mennesker som la sine liv ned for å tjene den eneste og levende Gud, Gud Jehova: Den selveksisterende om åpenbarer Seg og er evig.

Vi har alle mulighet til å komme inn på disse områdene i den fjerde dimensjon. Men det som ofte kan ses, er at mange mennesker kun er ute etter åndelige **opplevelser** med Herren, men er **ikke villige til å betale den prisen** det vil koste med deres egne liv. Når situasjonen er slik, vil de heller aldri komme inn i dette livet. Derimot, er de villige til en **full omvendelse** og **satse alt** på å gå med Gud, så er det mulig.

Kjære Fader

Jeg takker Deg for at jeg kan se og forstå at
dette er en mulighet også for meg, hvis jeg
vil satse for Deg av alt som i meg er. Jeg
ønsker å gå Din vei med mitt liv. Jeg ønsker
å gå inn i dette som er langt over det jeg
trodde var mulig, men som jeg nå forstår er
mulig. Takk at Du er med meg, når jeg nå
har valgt å gå hele veien med Deg. Amen.

Daglig gjennombrudd

Daglig gjennombrudd

18 Juni

Skritt ut i Guds verden av mirakler VI

Gud gir oss ikke det ekstraordinære...
før vi adlyder det ordinære
Hvis vi går på det skrevne Guds Ord i djerv
tro, så kan ting av ekstraordinære ting skje.
Det er ikke ting man "forsøker" å få til. Er
vi der, er vårt fokus feil. Da er fokuset på
opplevelser - og ikke på **Jesus.**

Etter å ha vært en kristen i 3 år, var jeg i
Sovjetunionen og smuglet Bibler. Der
opplevde jeg det ekstraordinære med engler.
Det samme skjedde også i Afrika. Jeg var
ikke på jakt etter det, forventet det heller
ikke. Det bare skjedde.
Lev i det **naturlige overnaturlige,** som et
naturlig kristenliv er. Det er Jesus vår
Frelser som er vårt fokus, Han ga Sitt liv for
oss.

Åndelige redskaper
Vi som gjenfødte har blitt gitt åndelige
redskaper. Vi har blitt gitt det skrevne Guds
Ord, Bibelen, som er Åndens sverd - som
blir levendegjort gjennom deg ved
åpenbaring. Ordet er opphavet til alt liv,

Daglig gjennombrudd

Gud Jehova er Ordet. Ordet er i den fjerde dimensjonen, åndens dimensjon.

"Guds Ord er levende og kraftig og skarpere enn noe tveegget sverd og trenger igjennom, inntil det kløver sjel og ånd, ledemot og marg, og dømmer hjertets tanker og råd." (4, 12)

Hvordan kunne Jesus gå gjennom veggen?

"Og åtte dager deretter var Jesu disipler igjen inne, og Tomas med dem. Jesus kom mens døren var lukket, og stod midt iblant dem og sa: Fred være med dere." (Joh 20, 26)

Det ekstraordinære i funksjon
Jesus var i ånden, Han var i den fjerde dimensjon. Derfor var Han uavhengig av de fysiske lover og kunne derfor gjøre alle ting uavhengig av den tredje dimensjonens lover. **Skal du fungere her, må du leve der.** Leve **nær Jesus.**

Vi er født på ny, inn i Guds verden. Vi er født på ny inn i den fjerde dimensjon. Vi kan leve der.

Daglig gjennombrudd

«De som tror på Jesu navn, de er ikke født
av kjøtt og blod, heller ikke av kjøtts vilje,
heller ikke av manns vilje, men av Gud».
(Joh 1, 13)

Du velger om du vil "gå ut" og leve i
Guds mirakelverden, i den fjerde
dimensjon, eller "gå ut" og leve i
sansenes verden, i den tredje dimensjon.
Det er en pris å betale og en vei å gå. Det
er ditt valg.

Kjære Fader
Jeg ser og forstår det store ansvaret det er å
vandre med Deg. Og jeg ser også de
voldsomme mulighetene og det flotte livet
det er å gå med Deg. Takk at Du er med
meg i min vandring fremover, gjennom Ditt
Ord og i Din Ånd. Amen.

Daglig gjennombrudd

19 Juni

Kraften i Guds Ord

I det første møtet jeg talte, på en møtekampanje i Afrika, var fantastisk. Mennesker ble helbredet, satt fri fra demoner og frelst. På dette tidspunkt var jeg knapt 23 år gammel.

"Gud talte og det skjedde, Han bød og det sto der." *(Salme 33, 9)*

Vi ser at helt fra begynnelsen av **skapte Gud Jehova ved Sitt Ord.**

"I begynnelsen skapte Gud himmelen og jorden." *(1 Mos 1, 1)*

Dette var jo bare en dråpe av alt Gud har skapt i hele kosmos - og utenfor.

«Da sa Gud: Bli lys! Og det ble lys». *(1 Mos1, 3)*

Guds skaper-metode er ved det talte Ord som åpenbares. Det er på samme måte vi opplever Guds Ords funksjon i dag. Vi ser i det Gamle Testamente og det Nye Testamente, at Guds måte å skape ting på er

Daglig gjennombrudd

helt identisk. Som Gud Jehova gjorde da, gjør Jesus Kristus nå.

Gud Jehova er Ordet, Jesus Kristus er Ordet. Fader, Sønn og den Hellige Ånd er ett, de er Ordet.

"Ved tro skjønner vi at verden er kommet i stand ved Guds Ord, så det som ses, ikke blir til av det synlige." (Heb 11, 3)

"Jesus sa: Himmel og jord skal forgå, men Mine Ord skal aldri forgå." (Mark 13, 31)

"Til evig tid står Ditt Ord fast." (Salme 119, 89)

Takk kjære Fader
Takk for at Dine løsninger på alle ting er til evig tid. Takk at de er gitt oss som redskaper for denne vår tidshusholdning, før vi går inn i neste periode av vårt liv i det himmelske. Amen.

20 Juni

Ordet - som er Kristus, kom til jorden for en spesiell hensikt

"Dertil er Guds Sønn åpenbart, at Han skal gjøre ende på fienden og den hevngjerrige." (1 Joh 3, 8)

Hva er djevelens **gjerninger?**

"Djevelen, tyven, kommer bare for å stjele, myrde og ødelegge.." (Joh 10, 10)

Jesus kom for å gjøre ende på djevelens gjerninger, *og gi oss "liv i overflod."* (Joh 10, 10)

Jesus kom, Ordet var der i personifisert tilstand. Gud kom til jorden i Sin Sønns skikkelse.

Jesus sa: Herrens Ånd er over Meg, fordi Han har salvet Meg til å forkynne gode nyheter til de bedrøvede og plagede, Han har sendt Meg til å forbinde de som har et sønderknust hjerte, til å utrope frihet for de fangne, løslatelse til de anklagede.

Daglig gjennombrudd

"Skarene trengte seg inn på Ham, Jesus, og **lyttet til Guds Ord**.*" (Luk 5, 1)*

"Jesus sa: Det er Ånden som gjør levende (åpenbarer), kjøttet hjelper ingenting. De Ord Jeg taler til dere, **er Ånd og er liv.***" (Joh 6, 63)*

Jesus Kristus er ikke lenger her fysisk, men Guds Ord er her. Hans Ord er like kraftfullt i dag, som det var da Han skapte himmel og jord, og alt annet før det!

"For Herrens Ord, blir evig." *(1 Pet 1, 25)*

"Herren sa: Jeg vil våke over Mitt Ord, så Jeg fullbyrder det." *(Jer 1, 12)*

"Løftet står fast for hele ætten." *(Rom 4, 16)*

Takk kjære Fader
Du lar meg komme inn og forstå detaljene av Din hensikt med alle ting. Takk at jeg kan få gripe dette, litt etter litt. Amen.

21 Juni

Gud Jehovas Ord er sannheten

"Jesus sa: Dere skal kjenne sannheten, og sannheten skal sette dere fri." (Joh 8, 32)

"Gud, Ditt Ord er sannhet."
(Salme 1|19, 42)

"Guds Ord er levende og kraftig og skarpere enn noe tveegget sverd og trenger igjennom, inntil det kløver ånd, sjel, ledemot og marg, og dømmer hjertets tanker og råd." (Heb 4, 12)

Guds Ord går ut i makro-kosmos og inn i mikro

Tro at sannhetens Ord har makt for deg, i deg og gjennom deg - til verden rundt deg.

"Jesus sa: Meg er gitt all makt i himmel og på jord - gå derfor ut." (Matt 28, 18-19)

"Jesus sa: Dersom dere blir i Mitt Ord, da er dere i sannhet Mine disipler." (Joh 8, 31)

Du har all makt i sannheten, i himmel og på jord - på Guds løfter i Jesu navn. Dette er voldsomme uttalelser, som du må gå innfor Herren med. Så kan Han lede deg og vise deg sannheten gjennom åpenbaring. Hvis du ikke ønsker å tro det, eller bare avfeier det, så er det en rettighet du har. Vi er frie selvstendige mennesker, med vårt eget viljeliv. Men **vil** du tro det, så er du mer enn velkommen fra Guds side, til å gå videre med Ham i en verden større enn de villeste drømmer.

Takk kjære Gud
Jeg er så glad fora t jeg har fått muligheten til å bevege meg inn i et liv, som jeg forstår ligger utenfor min rekkevidde i det naturlige. Jeg ønsker av hele mitt hjerte å gå den veien hvor Du vil føre meg. Amen.

22 Juni

Tro det - hvordan?

"Så kommer da troen av forkynnelsen og forkynnelsen ved Kristi Ord."
(Rom 10,17)

"Guds Ord er sæd." (Luk 8, 11)

Tro Ordet nok til å handle på det - handler du på det, så tror du det.

Handle på Ordet:

"Vil du vite det, du dårlige menneske, at troen uten troens handlinger er unyttig."
(Jak 2, 20)

Du har ikke mer tro, enn du viser ved dine handlinger.
Troen skryter aldri, den handler.

Dine handlinger vil rettferdiggjøre din tro
Alltid på mine møtekampanjer, eller på private husbesøk hvor jeg har bedt for syke, hvor mennesker opplever at de blir fysisk helbredet der og da, så er det en

Daglig gjennombrudd

rettferdiggjørelse av min tro. Slik vil det også være for deg.

I samme øyeblikk **tro blir satt i handling** på Guds løfter, **begynner Guds skapende kraft å arbeide!** Sykdom må adlyde troen på Guds løfter - i Jesu navn.

Vær aldri redd, handle på Guds Ord!

*"Synagogeforstanderens datter var død. Jesus sa til synagogeforstanderen: **Frykt ikke, bare tro.**" (Mark 5, 36)*

Ordet **tro** er et verb, verb er handlingsord, det visste Jakob.

"Hva nytter det mine brødre, om en sier han har tro, når han ikke har troens gjerninger (handlinger). (Jak 2, 14)

"Men en kan si, du har tro, og jeg har gjerninger (handlinger). Vis meg din tro uten gjerninger, og jeg vil vise deg min tro av mine gjerninger (handlinger)". (Jak 2, 18)

For likesom legemet er dødt uten ånd, så er også troen død uten gjerninger (handlinger).

Daglig gjennombrudd

Kunne Gud skape verden med ordene "Det bli", så kan Han i hvert fall helbrede de syke og løse menneskers problemer.

"Han sendte Sitt Ord og helbredet dem."
(Salme 107, 20)

Takk kjære Far,
for disse vidunderlige sannheter. Jeg vil grunne på dem - og handle. Jeg vil arbeide praktisk med Ditt Ord, så Din åpenbaringskunnskap går opp for meg. Slik at Din tro i meg blir min overbevisning. Amen.

Daglig gjennombrudd

23 Juni

Ordets fiender

Tvilens ånd

"Djevelen, tyven, kommer bare for å stjele myrde og ødelegge." (Joh 10, 10)

Djevelens natur i et nøtteskall

Djevelens måte å tilintetgjøre mennesker på, starter alltid med den samme metoden. Denne metoden har også blitt skutt inn med Satans tankepiler, i mennesket hjerne/sjel, i alle generasjoner siden Jesus var her på jorden. Denne metodens pil er **tvilens ånd.** Tvilens ånd har for mange også blitt brukt som et forsvar for det liv de lever og det livssyn de hevder. De vil ikke våge å tro Bibelens Ord om menneskets personlige ansvar, om skyld, synd og fortapelse. De vil heller ha det man kan kalle en dødens ro, som en slik tvil tilbyr. Tenk om Bibelen var sann?

Tvilens ånd

Tvilens ånd, som kom inn gjennom Satans tale, hadde et tragisk utfall. Dette skjedde allerede i Edens hage med Adam og Eva.

Daglig gjennombrudd

"Har Gud virkelig sagt, dere skal ikke ete av noe tre i hagen?" (1 Mos 3, 1)

Vi vet de tok av treet og åt. Da kom frykten på banen.

"Gud sa: Hvem har sagt du er naken?" (v10-11)

*"Lignelsen om sæden som er Guds Ord: De på steingrunn er de som tar imot Ordet med glede når de hører det, men de **har ikke rot, de tror til en tid**, og **i prøvelsens stund faller de fra.**" (Luk 8, 13)*

Ikke alle faller fra, noen seirer over undertrykkelsen før den blir en binding - ved at de begynner å "vanne sin hage". Andre godtar tvilen og blir bundet av den.

"Men han be i tro, uten å tvile, for den som tviler ligner havsbølgen, som drives og kastes av vinden.

For ikke må det mennesket tro at han skal få noe av Herren,

slik en tvesinnet mann, ustø på alle sine veier." (Jak 1, 6-8)

Daglig gjennombrudd

Allerede ved tvilen er mennesket avskåret
fra bønnesvar, men Satan stopper ikke her.

Kjære Far
Jeg ser jeg har en lang vei å gå og mye å
lære. Takk at jeg kan få gå i Din skole med
mitt liv. Ikke være dirigert og manipulert av
mennesker, men gå med Deg og Ditt Ord.
Amen.

Daglig gjennombrudd

Daglig gjennombrudd

24 Juni

Løgnens ånd

"Når han, djevelen taler løgn, taler han av sitt eget, for han er en løgner og løgnens far." (Joh 8,44)

La oss igjen høre hva Satan sa til Adam og Eva:

"Da sa slangen, djevelen, til Eva: Dere skal visselig ikke dø." (1 Mos 3, 4)

Djevelen visste: Godtok de denne løgnen, så var han deres herre.
Hør hva djevelen sier:

"For Gud vet at på den dag dere eter av treet, skal deres øyne åpnes, og dere skal bli likesom Gud og kjenne godt og ondt." (v 5)

Fra Herrens hage til verdens torturkammer

Djevelen visste: Godtok de løgnen, hadde de gått hele veien over fra å adlyde Guds stemme til å adlyde djevelens stemme - gjennom sansene opp til tankelivet. Fra å vandre i "Herrens hage" begynte mennesket

Daglig gjennombrudd

på sin vandring i et "torturkammer" av en verden.

Men djevelen stopper ikke her.

Kjære Fader
Dette virker helt skremmende, men det er en virkelighet jeg må forholde meg til. Takk Jesus for Ditt frelsende verk på Golgata kors, som gjorde det fullt ut mulig for meg å leve et seirende liv over alle de djevelske manipuleringer som har kommet inn i verden. Amen.

25 Juni
Fryktens ånd

"Da kalte Gud Herren på Adam og sa til ham: Hvor er du?

Og han svarte: Jeg hørte Deg i hagen, **da ble jeg redd,** *fordi jeg var naken, og jeg skjulte meg."* (1 Mos3, 9-10)

Nå hadde **fryktens ånd** gjort sitt inntog på arenaen. Den ånden som klemmer ut av deg den siste gnist av liv.

"For alt det fryktelige jeg reddes for, for det rammer meg, og det jeg gruer for, det kommer over meg. Jeg har ikke fred, ikke ro, ikke hvile, det kommer alltid ny uro."
(Job 3, 25-26)

"Har du latt deg binde ved din munns ord, har du latt deg fange i din munns ord."
(Ord 6, 2)

Daglig gjennombrudd

Ulydighet
mot Guds Ord, Bibelen, vil alltid føre deg
inn i Satans verden av ruiner og håpløshet.
Det er ingen hvile og fred for sjelen der.

Lydighet mot Guds Ord
fører deg inn i Guds verden av kjærlighet og
mirakler. En verden full av alt som godt er.

Så gå ut i Guds verden av mirakler, koste
hva det koste vil.

Takk kjære Far
Jeg vil ikke la meg fange i Satans garn, jeg
vil leve i Din nærhet av sannhet, Gud
Jehova. Jeg vil ta en endelig avgjørelse for
livet og gå i full målbevissthet inn i planen
Du har for mitt liv. Jeg vet det er det eneste
som kan gi meg lykke i livet. Amen.

26 Juni

Ordet - eller sansenes verden

"Paulus sa: Så er det da ingen fordømmelse for den som er i Kristus Jesus.

For livets ånds lov har i Kristus frigjort meg fra syndens og dødens lov.(Rom 8, 1-2)

I total frihet under Guds lov
Som gjenfødte skapninger i Kristus Jesus, er vi frikjøpte fra syndens og dødens lov. Det vil si: Vi er frie fra (å la oss) være styrt av synden og dødens lov. Vi har kommet inn i en total frihet i Jesus Kristus og har kommet inn under en annen lov. Vi har kommet under Guds lov. Guds lov, er **Guds Ånds lov.** Det er den lov som styrer over alle andre fysiske lover og er i den skapende kategorien.

"Derfor brødre, står vi ikke i gjeld til kjøttet (sansene), så vi skulle leve etter kjøttet (sansene)." (Rom 8, 12)

*"Fordi kjøttets (sansenes) attrå er fiendskap mot Gud - for det er ikke **Guds lov** lydig, kan heller ikke være det." (Rom 8, 7)*

Daglig gjennombrudd

Kjøttets attrå, er de tanker som mottar vitnesbyrd gjennom våre 5 sanser i kjøttet.

"For ettersom verden ikke etter sin visdom (menneskekunnskap) kjente Gud i Guds visdom, var det Guds vilje ved forkynnelsens dårskap å frelse dem som tror." (1 Kor 1, 21-11)

I Kristus Jesus kommer vi under helt andre overordnede ordninger. Vi kommer ut av en ordning som er styrt av Satan og demonene, og inn i en ordning som er styrt av Gud Jehova - på grunnlag av Jesu Kristi forsoningsverk på Golgata.

Her har vi muligheten til å gjøre vårt valg, hvilken lov vil du skal regjere i ditt liv?

Kjære Fader
Takk for at jeg kan forstå disse viktige sannheter, slik at det vil være lettere å gjøre de rette valgene, mellom syndens og dødens lov og Gud Jehovas lov. Amen.

Daglig gjennombrudd

27 Juni

Guds åpenbaringskunnskap, ansikt til ansikt med verdens sansekunnskap

Født inn i en ordets verden
Vi mennesker er født inn i en verden som styres og bygges av ord. Menneskeheten har ikke forstått at **alle ord er åndelige.** Det vil si, at sannheten er at vi styres åndelig uten avvik.

Guds Ords side eller Satans ords side
Hvems side vi vil tjene, er noe vi bestemmer selv med vårt viljeliv.

*"Men et naturlig menneske tar ikke imot det som hører Guds Ånd til, for det er for ham en dårskap, og han kan ikke kjenne det - for det **dømmes åndelig.**"*　　(1 Kor 2, 14)

Guds fakta
Når mennesket er født med en syndig natur, og har levd livet manipulert av Satans tanker, er det forståelig at menneskets meninger er som 1 Korinterbrev sier. Det er først når mennesket kommer i kontakt med den levende Gud i Kristus Jesus, at forståelsen av en annen høyere virkelighet

Daglig gjennombrudd

kommer fram. Vi må inn i en åndelig verdens forståelse, for å få denne sanne oversikt. Vi må se Guds fakta.

"Guds hemmelighet, det er Kristus. I hvem all visdommens og kunnskapens skatter er skjult til stede." (Koll 2, 2-3)

Her er det sann kunnskap (åpenbaringskunnskap) og visdom har sitt opphav.

Kjære Jesus
Jeg takker Deg for at Du ga Ditt liv for menneskeheten, og gjorde alle ting mulige for oss mennesker. Takk for at Du også åpnet døren til den sanne kunnskapens skatter, slik at vi kan leve våre liv slik Du vil. Amen.

28 Juni

Forkynnere uten å være født-på-ny

Mennesker som ikke er født-på-ny og som ikke lever i åpenbaringens kunnskap, villfarer mennesker fra prekestolen. Ingen forkynner har noe som helst mulighet til å bringe levende Ord fra Gud, uten at han er **født-på-ny og lever i åpenbaring.**

Åpenbarings-forkynnelse grunnlagt på forsoningsverket på Golgata kors

"Paulus sier: For jeg vil ikke vite noe annet iblant dere, uten Jesus Kristus og Ham korsfestet.

For at deres tro ikke skulle være grunnlagt på menneskers visdom, men på Guds kraft. " (1Kor 2, 2.5)

Når mennesker hører sann visdom og kunnskap, uansett hvor de måtte møte det, og de har motstand, vil de kjenne skam. De har ingen mulighet til å "matche" visdommen fra Gud. De vil føle skam med sine forsøk på eventuell klokskap. De forstår ikke hvordan man kan ha en slik visdom, men de opplever den med sansene.

Daglig gjennombrudd

"Men som skrevet er, hva øye ikke så og øre ikke hørte, og hva ikke oppkom i noe menneskes hjerte (ånd), hva Gud har beredt for dem som elsker Ham.

Men oss har Gud åpenbart det ved Sin Ånd, for Ånden ransaker alle ting, også dybdene i Gud." *(1 Kor 2, 9-10)*

Her kommer sansekunnskap ingen vei. Her er det Ordets åpenbaring, gjennom det gjenfødtes menneskets ånd, som er veien.
Den Høyestes kunnskap, Guds åpenbarings-kunnskap, tar sansekunnskapens plass.

Takk Jesus,
at jeg kan begynne å forstå hvilke muligheter det ligger i meg som et gjenfødt menneske. Hvilket potensial Du har lagt i oss til bruk i lydighet for Guds rike. Takk at jeg får være en del av dette fantastiske livet. Amen.

29 Juni

For hvem iblant mennesker vet hva som bor i mennesket

"For hvem iblant mennesker vet hva som bor i mennesket, uten menneskets ånd, som er i ham? Slik vet heller ingen hva som bor i Gud, uten Guds Ånd.

Men vi har ikke fått verdens (tidens) ånd, vi har fått den Ånd som er av Gud, for at vi skal kjenne det som er gitt oss av Gud.

Det som vi også taler om, ikke med ord som menneskelig visdom (sansekunnskap) lærer, men med Ord som Ånden lærer, idet vi **tolker åndelige ting med åndelige ord.** *" (1 Kor 2, 11-13)*

Dette utfordrer oss
Nå forstår du: Virksomhet styrt av sansekunnskap, har ingen mulighet til å skape tro i din sjel/i ditt hjerte som vi ofte benevner det med. Vi forstår hvorfor ikke "sansekunnskap" tror på åpenbaringskunnskap, tror på overnaturlige ting.

Daglig gjennombrudd

Umulig å utvikle tro med sansekunnskap på tronen

Når mennesker som vil leve for Jesus, ikke lever i fornyelsen av sitt sinn ved Guds skrevne Ord, Bibelen. De lever kun i sansekunnskapens verden. Et annet spørsmål kan være: Er de født-på-ny? Har de vært det, eller er de bare religiøse?

Vi har to valgmuligheter for hva vi vil leve i:

Åpenbaringskunnskapens verden - eller sansekunnskapens verden. Vi kan velge å leve ut en av to vitnesbyrd. Sanse kunnskapens vitnesbyrd: Hva vi ser, hører, lukter, føler og smaker. Eller: Åpenbaring av det skrevne Guds Ord. Åpenbaringskunnskapens vitnesbyrd, Åndens vitnesbyrd.

Kjære Gud Fader

Takk for den åpenbaringens forståelse Du gir meg. Takk for at Du gir meg muligheten til å gjøre det visdomsfulle rette valget i å gå helt med Deg. Amen.

30 Juni
Hvilken bekjennelse valgte Martha?

*"Jesus sier: Ta steinen bort, Martha. Den
dødes søster sier til Ham: Herre, han
stinker allerede (lukte sansen), for han har
ligget i 4 dager." (Joh 11, 39)*

Hvilken bekjennelse valgte Martha?
Martha valgte sansenes vitnesbyrd, som sier
at han stinker (luktesansen), fremfor Gods
Ords vitnesbyrd som sier: Ved Jesu sår har
vi fått legedom! (Jes 53, 5)

Sansenes vitnesbyrd vil aldri gi Gud ære
Et eksempel: Et menneske blir helbredet fra
kreft. Da vil sansene si: Dette trengte ikke
være kreft, eller at tidspunktet for at kreften
gikk naturlig tilbake var nå.
Det eneste vi kan gjøre med sansekunnskap,
er å bryte den ned med
åpenbaringskunnskap, som er Guds
levendegjorte, skrevne Ord, Bibelen.

*"For om vi vandrer i kjøttet, så strider vi
ikke på kjøttets vis (sansenes og intellektets
vis).*

Daglig gjennombrudd

For våre stridsvåpen er ikke av kjøttet (bygd på menneskers visdom), men mektige for Gud til å omstyrte festningsverker.

Idet vi omstyrter tankebygninger (menneskekunnskap, Satans tanker) og enhver høyde som reiser seg mot kunnskapen (åpenbaringskunnskapen) om Gud, og tar enhver tanke til fange under lydigheten mot Kristus (Ordet)."
(2 Kor 10, 3-5)

Takk Far,
at Du tar meg skritt for skritt framover i dette som har med åpenbaringens hemmeligheter å gjøre. Takk for at Du leder meg inn i forståelsen av det fysiske og det åndelige. Slik at jeg kan leve i seier i åpenbaringskunnskapen av Ditt Ord. Amen.

Daglig gjennombrudd

www.ingramcontent.com/pod-product-compliance
Lightning Source LLC
LaVergne TN
LVHW051227080426
835513LV00016B/1446